결혼합시다!

KB192795

우리들
결혼예비학교

결혼합시다!

김양재 지음

QTM

이 책을 펴내며

♥

"결혼은 사명입니다"

하늘의 하나님 여호와께서 나를 내 아버지의 집과 내 고향 땅에서
떠나게 하시고 내게 말씀하시며 내게 맹세하여 이르시기를 이 땅을
네 씨에게 주리라 하셨으니 그가 그 사자를 너보다 앞서 보내실지라
네가 거기서 내 아들을 위하여 아내를 택할지니라_창 24:7

얼마 전 세계 최고의 갑부이자 테슬라의 최고경영자인 일론 머스크
가 거듭 이런 경고를 했습니다.

"출산율이 계속 급락하는 것은 문명사적 위험이다. 인류 문명은
'쾅' 하고 멸망하는 게 아니다. 현재의 출산율 감소 추세가 계속되면
세계 인구는 3세대 내에 5% 이하로 줄어들 것이다. 특히 한국의 인구
는 머지않아 지금의 3분의 1보다 훨씬 적어지게 될 것이다."

우리나라를 세계 최고 수준의 저출산 국가 사례로 거론한 것입니다.

재밌게도 비슷한 시기에 세계적인 경제 전문지 미국 월스트리트 저널이 "한국의 반려견용 유모차(이른바 개모차) 판매량이 유아용 유모차 판매량을 넘어섰다"라는 보도를 했습니다. 그러면서 "한국은 2023년 기준으로 합계출산율이 0.72명에 달하는데, 이는 인구 유지에 필요한 수준의 3분의 1에 불과하다"라고 지적했더군요.

물론 이 기사가 언급한 '개모차'와 유모차의 판매량은 국내 한 온라인 쇼핑몰에 국한된 것입니다. 하지만 우리나라의 저출생 위기는 여전히 심각합니다. 통계청 발표에 의하면 2023년 출생아 수가 23만 명인데, 이는 10여 년 전인 2015년보다 47%나 줄어든 것이랍니다. 그래서 서울특별시 시장이 SNS에 이런 글을 올려놓았습니다.

"서울은 이제 아기 울음소리를 듣기 힘든 도시가 됐다. 합계출산율 0.55명, 두 사람이 만나도 아이 하나 낳지 않는 세상이 되었다."

정말 남의 나라 얘기가 아닙니다. 바로 내 나라, 내 집안 이야기입니다. 이대로 가면 50여 년 후 우리나라 인구가 30%나 줄어들 것으로 예측하는 보고서도 있습니다. 그럼에도 20~49세 국민 중 자녀를 희망하는 국민은 42%에 불과하다고 합니다. 급기야 대통령도 '인구 국가비상사태'를 선언하고, 범국가적 총력을 다해 대응하겠다고 했습니다. 저출생 문제가 급기야 이 나라를 인구절벽의 위기, 멸망의 위기로 몰아가고 있는 것입니다.

그런데 '비혼' 문제는 더욱 심각합니다. 우리나라 통계청 발표에 의하면 2023년 한해 혼인신고 기준 혼인 건수가 19만 3,700건이라고 합니다. 이 또한 10년 전에 비해 무려 40%나 감소한 수치입니다. 그리고 결혼 적령기(25~39세)에 속한 청년 977만 4천 명 가운데 66.3%는 배우자가 없답니다(2022년 기준). 이 나라 청년 10명 중 예닐곱 명이 배우자 없이 홀로 살고 있는 것입니다. 그럼에도 결혼을 긍정적으로 생각하는 청년은 36.4%에 불과하다고 합니다. 결혼의 필요성을 못 느낀다는 청년도 17%나 된다고 해요.

이유가 무엇일까요? 같은 자료에 의하면 결혼자금 부족과 출산·양육 부담, 고용 상태 불안정 때문이라고 합니다. 결혼의 목적을 행복으로 두니 이러한 우려 때문에 결혼을 포기하는 것입니다.

저 역시나 결혼 적령기 청년들의 우려와 아픔을 모르는 바 아닙니다. 좋은 배필감을 만나 교제하면서도 여건이 안 되어 결혼하지 못하는 청년이 적지 않습니다. 결혼하고도 보금자리와 경제적 문제, 육아에 대한 자신감 부족 등으로 출산을 아예 포기하는 젊은 부부도 한둘이 아닙니다. 그 형편을 잘 알기에 더 안타깝고, 눈물이 납니다.

그럼에도 제가 때마다 시마다 이 땅의 청년들에게 결혼과 출산을 권면하는 이유가 무엇입니까? 하나님께서는 아브라함에게 "이 땅을 네 씨에게 주리라"(창 24:7) 하셨습니다. 이렇듯 결혼의 목적은 '땅과 씨'입니다. 우리가 아브라함처럼 하나님 나라의 지경을 넓히려면 결혼을 통해 나의 씨, 믿음의 후사를 이어가야 합니다.

예수님의 족보는 '낳고', '낳고', '낳고'의 족보입니다. 이 세상은 죽을 수밖에 없지만 예수 안에는 영원한 생명이 있습니다. 내가 아무리 죽을 것 같은 인생을 살아도 그렇습니다. 하나님은 우리에게 생명을 낳는 사명을 주셨습니다. 구원을 위해, 믿음의 대물림을 위해 우리에게 결혼과 가정이라는 공동체도 허락하셨습니다. 그래서 믿는 우리에게 결혼은 선택이 아니라 사명인 것입니다.

이 책은 그런 관점에서 하나님이 우리에게 허락하신 결혼의 목적을 헤아려 본 것입니다. 그리고 믿음의 선조들이 구속사의 계보를 잇기 위해 결혼과 생명 낳는 사명을 어떻게 감당해 왔는지도 살펴보았습니다.

아무쪼록 저는 이 시대 청년들이 지금의 환경을 탓하지 않고 '땅과 씨', 결혼과 출산의 사명을 잘 감당하기를 바랍니다. 배필을 정할 때 무엇보다 주님의 권위를 인정하기를 원합니다. 그리하면 반드시 나의 돕는 배필을 허락해 주실 것입니다. 알맞은 상대를 만나게 하시고 이끌어 주실 것입니다. 반드시 믿음의 가정을 이루게 될 줄 믿습니다.

감사하게도 이 책의 집필을 마칠 즈음 우리 청년들의 결혼 건수와 합계출산율이 조금씩 늘고 있다는 소식을 접했습니다. 반가운 소식이 아닐 수 없습니다. 아무쪼록 우리 청년들이 결혼과 출산을 사명으로 여기기를 바랍니다. 그리하여 하나님이 약속하신 "내가 너로 큰 민족을 이루고 네게 복을 주어 네 이름을 창대하게 하리니 너는 복이 될지라"(창 12:2)의 복을 한껏 누리게 되기를 축원합니다.

2025년 3월
우리들교회 담임목사 김양재

C♥NTENTS

PART
Ⅰ

결혼할 사람을 찾습니다

PART
II

결혼은 지킬 만한 가치가 있습니다

PART
I

결혼할 사람을 찾습니다

돕는 배필

결혼, 꼭 해야 할까?

한때 흥이 넘치는 멜로디와 해학적인 가사로 대중에게 큰 인기를 끈 트로트 가요가 있었습니다. 삶의 고통과 어려움을 긍정적으로 받아들이자는 메시지를 담은 노래로, 특유의 신나는 멜로디가 더해져 듣고만 있어도 어깨춤이 절로 일어났습니다. 그런데 유독 제 귀에 꽂히는 부분이 있었어요.

"연애는 필수, 결혼은 선택~!"

이 노래가 발표됐을 당시 청년들도 꽤 열광했던 걸로 압니다. 호불호가 분명한 요즘 청년들이 아이돌 음악도, 힙합도 아닌 트로트 가요에 열광했다는 것은 그 노랫말에 울림이 있었다는 뜻이잖아요. 이 세대의 가치관이 어떠한지 보여 준 거울 같아 제 마음에 먹구름이 앉더군요.

2000년대에 들어와 수많은 새로운 사상이 생겨났는데, 그중 하나가 바로 '비혼非婚주의'입니다. 이를 풀어서 설명하면, 평생 결혼하지 않는 삶을 선택하는 것입니다. 실제로 한 매체의 조사에 따르면 2030세대 절반이 결혼 의향이 없거나 결혼을 생각해 본 적이 없다고 대답했다고 합니다.

문제는 크리스천 청년들도 이런 세상 기류에 물들어 결혼을 경시하고 있다는 사실입니다. 많은 청년이 결혼을 권유하고 이혼을 말리는 부모 세대를 소위 '꼰대'로 취급하며 "내 인생은 내가 결정하겠다"는 자기 결정권을 주장합니다.

그런데 여러분, 정말 '결혼은 선택'일까요? 하나님을 믿는 우리는 하나님의 시선에서 이 문제를 상고해 봐야 해요. 이 물음에 대한 하나님의 답을 찾기 위해서는, 먼저 하나님께서 우리를 창조하신 목적부터 살펴봐야 합니다.

천지 창조 여섯째 날, 하나님께서는 사람을 창조하셨습니다(창 1:26~28). 그런데 다른 피조물을 지으실 때와 사람을 창조하실 때 차이점이 보입니다. 다른 피조물들은 말씀으로 창조하셨는데, 사람은 삼위일체 하나님이 의논해서 만드셨다는 점입니다. "우리의 모양대로 사람을 만들자"라고 상의하여 지으셨어요. 더불어 창세기 2장 7절을 보면, 하나님의 "생기를 그 코에 불어넣으시니 사람이 생령이 되니라"고 합니다. 그러므로 우리 한 사람, 한 사람은 하나님의 형상과 생기를 지닌 하나님의 복사품, 하나님의 붕어빵입니다.

그런데 하나님께서 자신의 붕어빵들에게 명하신 일이 있습니다. 바로 '생육하고 번성하여, 이 땅을 다스리고 정복하라'는 것이에요. 다시 말해, '하나님의 대리자'로서 이 땅과 생물을 다스릴 책임을 우리에게 주신 것입니다. 그렇지만 제멋대로 다스려서는 안 됩니다. '하나님' 의 대리자니까 하나님의 말씀과 질서를 따라서 다스려야 하죠.

그런데 혼자서 이 일을 감당하기가 얼마나 힘든지 모릅니다. 그 래서 우리에게는 지체가 필요해요. 하나님께서도 사람이 혼자 사는 것이 좋지 못함을 아시고, 남자와 여자를 창조하여 서로 배필 삼게 하 셨죠(창 2:18).

하나님이 이 땅에 가장 먼저 주신 제도가 바로 '결혼'입니다. 사 람이 외로움에 못 이겨서 만들어 낸 제도가 아니에요. 결혼은 '하나님 께서' 제정하신 것입니다. 하나님께서 결혼제도를 통해 사회와 나라 보다도 '가정'을 이 땅에 먼저 세우셨어요. 그러므로 가정이 모든 공동 체의 근간입니다.

물론 특별한 사명이 있어서 결혼하지 않을 수도 있어요. 바울은 독신獨身을 하나의 은사로 여기기도 했습니다(고전 7:7). 그러나 그런 경 우가 아니라면 저는 여러분에게 "반드시 결혼하라"고 권면하고 싶어 요. 결혼하여 가정을 이루는 것이 하나님이 우리에게 주신 기본 명령 이기 때문입니다.

누구를 만나야 할까?

언젠가 미국의 시사 주간지《타임》이 '로맨스의 과학'이라는 주 제로 특집 기사를 실었어요. 그 기사에는 56가지 설문을 통해 사진과

제목을 붙이게 한 다음 협상가, 건축가, 탐험가, 연출가형으로 사람들을 분류하고 각자에게 맞는 타입을 소개해 주는 중매 산업 관련 소식도 실려 있었습니다. 심리 테스트와 비슷한 질문을 통해 그 사람의 테스토스테론, 옥시토신 분비 정도를 알아볼 수 있게 하여 첫 소개팅 자리에서 그들의 화학물질이 서로 반응하도록 도와준다는 것입니다. 그러니까 이 중매의 성공 비결은 서로 비슷한 사람들이 아니라 서로 보완할 수 있는 사람들끼리 만나게 하는 것이라고 합니다. 그야말로 '중매는 과학'이라는 것이죠.

여러분은 어떻게 생각하세요? 평생을 함께할 배우자를 찾는 중매가 과학일까요? 데이터와 화학반응으로 좋은 상대를 만난다고 행복한 결혼생활이 보장될까요? 저는 그렇게 생각하지 않아요. 침대는 과학일지 모르지만, 중매는 과학이라고 생각하지 않습니다.

이 세상 최고의 만남은 하나님과의 만남입니다. 하나님을 만나는 것이 복 중의 복입니다. 그리고 그 복이 후대에까지 이어지기 위해서는 배우자를 잘 만나야 합니다. 주 안에서 함께 영적 후사를 낳고 길러 낼 믿음의 배필을 만나야 해요. 따라서 결혼에 필요한 것은 과학이 아니라 '믿음'입니다.

로저 P. 다니엘은 그의 저서 『그리스도인 청년들에게』에서 "하나님이 결혼제도를 허락하셨지만 아무하고나 결혼할 자유를 주신 것은 아니다"라고 말합니다. 이는 우리 그리스도인들이 배우자를 선택하는 데 분명한 기준이 있다는 뜻이에요. 세상처럼 육신의 정욕과 안목의 정욕과 이생의 자랑을 잣대로 배우자를 선택해서는 안 된다는 것입니다. 상대의 성품이 훌륭하다고, 서로 코드가 잘 맞는다고 덥석 결혼해서는 안 된다는 말입니다.

그런데 예수를 믿는다고 하는 청년들도 배우자를 고르는 기준이 세상과 다를 게 없어 보입니다. 가치 기준이 상실됐습니다. 타협해선 안 될 것을 타협하며, 분별없이 연애하고 결혼합니다.

'결혼'이라는 이 일생일대의 프로젝트를 우리는 누구와 함께 가야 할까요? 어떤 사람이 하나님이 기뻐하시는 배우자감일까요?

불신不信결혼은 안 돼!

은혜 자매는 웨딩 촬영까지 마쳤지만 파혼하고 말았습니다. 자매는 모태신앙인임에도 오랫동안 불신교제를 이어 왔습니다. 남자 친구는 성품이 자상하고 능력까지 갖춘 사람이었습니다. 더구나 폐암을 앓던 자매를 지극정성으로 돌봐 줬습니다. 그의 순애보 덕분인지 자매는 금세 건강을 되찾았죠. 세상에 이런 신랑감이 어디 있겠습니까? 그를 보는 사람마다 백이면 백 최고의 신랑감이라고 말할 겁니다. 자매도 '이 남자랑 살면 미래가 탄탄대로겠구나' 했습니다. 그래서 주저 없이 결혼을 결심했죠. 불신결혼이라는 딱지는 떼고 싶어서 "같이 예배에 안 오면 헤어지겠다"고 남자 친구를 협박(?)해 간신히 교회에 등록만 시켰습니다.

그런데 뜻밖의 벽에 부딪혔습니다. 남자 친구의 부모님이 종교를 강요한다는 이유로 결혼을 반대하고 나선 것입니다. 설득해 보려 갖은 노력을 했지만 끝내 결혼은 무산되고 말았습니다. 한동안 자매는 시련의 아픔에 정신을 차릴 수 없었습니다. 그러나 곧 자신을 돌아보게 됐습니다. '내가 예수님을 뒤로하고 세상만 바라보니까 하나님께서 남자 친구의 부모님을 통해 제동을 걸어 주셨구나!' 비로소 자신의 악이 보였습니다.

결혼에서 가장 중요한 조건, 반드시 갖춰야 할 조건은 '예수를 그리스도로 믿는 믿음'입니다. 믿음의 결혼, 신信결혼을 하는 것이 무엇보다 중요합니다. 불신결혼은 개인의 믿음에만 영향을 끼치는 것이 아니에요. 가정을 흔들리게 합니다. 불신결혼으로 말미암아 자녀를 믿음으로 양육할 수 없게 되면 자손 대대로 천국 가는 길이 막힐 수밖에 없습니다. 하나님이 성경 전체를 통해 거듭 불신결혼을 말리시는 이유가 여기에 있어요.

그런데도 성경적인 결혼의 개념 없이 불신결혼을 하는 청년들이 허다합니다. 다들 "데려다가 믿게 한다, 결혼하면 믿을 거다" 이렇게 이야기합니다. "이 세상 모든 사람을 차별하지 말라고 했는데 왜 안 믿는 사람과는 결혼하지 말라고 합니까?" 이렇게 반문하는 청년도 있습니다. 그러나 불신결혼을 말리는 것은 불신자를 차별해서가 아닙니다. 구원이 우선인 문제이기 때문입니다. 이는 제 주장이 아니라 성경에 기록된 말씀입니다. 여호수아서 23장을 보면, 가나안 정복 전쟁을 마친 뒤 여호수아는 이스라엘 백성에게 이와 같은 유언을 남겼습니다.

12 너희가 만일 돌아서서 너희 중에 남아 있는 이 민족들을 가까이 하여 더불어 혼인하며 서로 왕래하면 13 확실히 알라 너희의 하나님 여호와께서 이 민족들을 너희 목전에서 다시는 쫓아내지 아니하시리니 그들이 너희에게 올무가 되며 덫이 되며 너희의 옆구리에 채찍이 되며 너희의 눈에 가시가 되어서 너희가 마침내 너희의 하나님 여호와께서 너희에게 주신 이 아름다운 땅에서 멸하리라_수 23:12~13

올무와 덫은 먹이로 위장하고 있어서 겉으로는 그 정체를 알아챌 수 없습니다. 우리도 불신결혼이, 내가 쫓아내지 못한 이방 세력이 내게 어떠한 악영향을 끼칠지 모르기에 해로운 것으로 여기지 않습니다. 하지만 올무나 덫에 걸리면 결코 빠져나올 수 없습니다. 결국 사냥꾼에 붙잡혀 생명을 잃고 맙니다. 공포를 넘어 내 옆구리에 채찍이 되고 내 눈에 가시가 됩니다. 실제적인 고통이 수반되는 것입니다.

그러므로 아무리 최고의 조건을 갖췄더라도 하나님을 온전히 섬기지 않는 사람은 멸망할 땅과 같습니다. 그들과 혼인하여 좋은 집에 살고 비싼 차를 타며 호화를 누린다고 해도 그 땅은 지옥입니다. 그런데 우리는 "믿음이 밥 먹여 주냐?" 하면서 돈, 학벌, 스펙, 미모만을 최고로 여깁니다. 그렇게 상대의 외모나 재력에 넘어가 불신결혼을 하면 지금까지 걸어온 믿음의 길에서 원점으로 돌아가고 맙니다. 다시 세상과 왕래하게 되었으니 400년 애굽 노예 생활, 40년 광야 생활, 정복 전쟁을 다시 치러야 합니다. 불신결혼이 얼마나 믿음의 퇴보를 가져오는지 몰라요. 불신결혼은 곧 믿음이 후퇴하는 지름길입니다.

결혼은 육체의 결합일 뿐만 아니라 영적인 연합이기에 불신결혼은 심각한 배교 행위입니다. 아름다운 땅에서 멸절될 수 있는 중대한 악입니다. 단지 고난과 핍박이 따르기에 불신결혼하지 말라는 것은 아닙니다. 불신결혼은 우리가 영원한 생명을 얻는 길, 곧 우리의 구원 행보를 훼방하는 결정적인 걸림돌입니다. 그러므로 목숨을 걸고서라도 어떻게든 막아야 합니다.

느헤미야 당시 이스라엘 백성은 얼마든지 자신들의 불신결혼을 합리화할 이유가 있었습니다. 바벨론 포로기를 거치면서 하나님을 믿는 사람들이 줄어들었기 때문에 어쩔 수 없이 이방인과 불신결혼을 시켰다고 할 수 있습니다. 그래서 느헤미야서 13장을 보면 유다 귀인과 지도자들은 물론이고, 대제사장까지 산발랏과 도비야 같은 원수와 혼인으로 동맹을 맺습니다. "가서 잘 살면 되지 불신결혼이 무슨 상관이야" 한 것입니다.

그러나 느헤미야는 불신결혼한 자들을 책망하고 저주하고 때리고 머리털을 뽑습니다(느 13:25). 너무 교양이 없어 보입니까? 교양이 문제가 아닙니다. 에스라는 불신결혼을 막기 위해서 자기 수염을 뜯기도 했습니다(스 9:3). 몸의 털을 뽑는 것은 당시로서는 심한 모욕입니다. 불신결혼이 유다 공동체의 정체성을 무너뜨리는 일이기에 심한 모욕으로 경고한 것입니다. 이방 여인을 무시해서가 아닙니다. 민족 따지고 혈통 따지라는 것도 아닙니다. '믿음이냐, 불신앙이냐'의 문제입니다.

그렇다고 문자 그대로 적용해서 안 믿는 사람을 다 쫓아내라는 건 아닙니다. 하나님보다 세상을 사랑하고 돈을 사랑하는 나의 이방 가치관을 쫓아내라는 것입니다. '불신결혼하면 어때?'라는 내 마음의 생각을 아예 쫓아내라는 것입니다.

저 역시나 4대째 모태신앙인이지만 교회에서 결혼에 대한 설교를 별로 들어 보지 못했습니다. 목사님의 주례로 결혼했어도 그때 들었던 주례사 내용이 뭐냐고 물으면 기억이 나지 않습니다. 주례사가 문제가 아니라 저에게 믿음이 없었기 때문이에요. 결혼과 인생에 대한 성경적 가치관이 전혀 없었기 때문입니다. 그러니 믿음보다는 욕심에 이끌려 제 남편과 결혼했던 것입니다. 그러면서 장로 집안으로 시집가니 그것이 믿음의 결혼인 줄 알았습니다.

그러다 하나님의 은혜로 용광로 같은 결혼의 고난을 겪고서야 결혼의 목적이 행복이 아니라는 것을 알았습니다. 행복하기 위해서가 아니라 하나님께서 원하시는 거룩을 이루기 위해 결혼하는 것임을 알았어요. 인생의 목적, 결혼의 목적이 거룩이라는 것을 제 삶에서 절실히 깨달았기에 날마다 이렇게 불신결혼을 반대하는 메시지를 외치고 있는 것입니다.

돕는 배필을 만나라!

여호와 하나님이 이르시되 사람이 혼자 사는 것이 좋지 아니하니 내가 그를 위하여 돕는 배필을 지으리라 하시니라_창 2:18

하나님은 홀로 있는 아담을 위해 '돕는 배필'을 지어 주셨습니다. 구약성경에는 돕는 배필이라는 뜻의 히브리어 '에제르'가 36번 나옵니다. 그중 35번은 하나님에 대해 쓰였고, 단 한 번 인간에 대해 쓰인 것이 바로 앞의 말씀입니다.

그러면 어떤 배필이 '돕는 배필'일까요? 이를 자세히 알려면 성경의 맥락을 살펴볼 필요가 있어요. 본문 바로 앞 절에서 하나님은 아담에게 "동산 각종 나무의 열매는 네가 임의로 먹되 선악을 알게 하는 나무의 열매는 먹지 말라" 명령하셨습니다. 만일 "네가 먹는 날에는 반드시 죽으리라"고 하시죠(창 2:16~17). 이는 하나님이 인류에게 주신 최초의 명령입니다. 그러시고는 아담에게 돕는 배필을 지어 주셨습니다. 따라서 돕는 배필은 선악과를 따 먹지 않게 도와주는 사람, 더 쉽게 말하면 모든 것을 선악, 즉 옳고 그름의 잣대가 아닌 구원의 문제로 보도록 도와주는 사람입니다.

그러나 정작 우리는 어떠한가요? 부부가 되어도 피차 돕는 배필의 역할에 서툴기만 합니다. 서로 돕기는커녕 시도 때도 없이 다툽니다. 무슨 말을 해도 상처만 주고받습니다. 그러다 "잘난 내가 왜 이런 사람과 살아야 해!" 하며 집을 뛰쳐나갑니다. 이토록 혈기 많고 게으르고 시기, 질투 많은 우리는 스스로 내 배우자의 돕는 배필이 될 수 없습니다. 맨날 "나는 옳고, 너는 틀리다"고 말합니다. 우리의 수많은 죄 중에서 선악을 따지는 것이 가장 우두머리 죄입니다.

예수님이 죄가 있어서 십자가에 못 박히셨습니까? 우리 죄를 대속하시고자 십자가에 자기 생명을 내어놓으셨습니다. 그렇게 주님은 상처 입은 치유자로서 우리 곁에 우뚝 서셨습니다. 돕는 배필이 되려면 이런 그리스도의 심장을 가져야 합니다. 하나님의 도우심에 힘입어야 합니다.

우리는 하나님의 형상을 따라 창조되고 하나님의 생기를 지닌 하나님의 붕어빵이라고 했습니다. 따라서 우리 인생은 하나님의 구속사救贖史를 이루는 여정이라고도 할 수 있습니다. 그런데 그 길이 평탄하지만은 않습니다. 온 식구가 한마음으로 기도하며 가더라도 겨우겨우 한 발짝 떼는 것이 구속사 여행길입니다. 그 길을 잘 걸어가도록 곁에서 격려하며 말씀으로 해석해 주는 돕는 배필이 필요하지요.

그렇다면 주님은 어떻게 돕는 배필을 만나게 하실까요? 이어지는 말씀에서 그 답을 찾아보겠어요.

> 21 여호와 하나님이 아담을 깊이 잠들게 하시니 잠들매 그가 그 갈빗대 하나를 취하고 살로 대신 채우시고 22 여호와 하나님이 아담에게서 취하신 그 갈빗대로 여자를 만드시고 그를 아담에게로 이끌어 오시니_창 2:21~22

먼저 주님은 아담을 깊이 잠들게 하셨습니다. 돕는 배필을 만나기 위해서는 내가 먼저 세상에 대해 깊이 잠들어야 합니다. 세상을 향해 눈을 크게 뜨고 있으면 돕는 배필을 찾을 수가 없어요. 내 안목, 내 방법으로는 안 됩니다.

상위 1% 계층 사람들의 최고 희망은 같은 부류와 혼사를 맺는 것이라고 하죠. 결혼 비용도 수십억이고, 하객 밥값만 수억대라고 합니다. 눈만 뜨면 뉴스에, 유튜브에 이런 소식들이 쏟아져 나옵니다. 이러니 우리가 세상에 대해 잠들기가 쉽습니까? 죽어지지 않고는 잠들 수가 없습니다. 그러므로 육신의 정욕과 이생의 자랑, 안목의 정욕에다 깊이 잠들어야 해요.

둘째로, 갈빗대를 뽑는 아픔을 주셨습니다. 하나님께서는 아담을 흙으로 만드셨지만, 여자는 뼈로 만드십니다. 남자의 머리나 발을 재료로 취하지 않으시고 갈빗대로 여자를 만드셨습니다. 가슴으로 아파하는 사랑을 하라고, '옆구리'라는 뜻의 갈비뼈를 뽑아 나의 돕는 배필을 만드신 것이죠.

마지막으로, 하나님이 손수 이끌어 오셨습니다. 아담에게서 취하신 갈빗대로 여자를 만드신 하나님은 그 여자를 아담에게로 이끌어 오십니다. 인간을 위해 에덴동산을 만드시고, 거할 곳을 정해 주시고, 사명도 주신 하나님이세요.

이때 아담이 한 일이 무엇입니까? 아무것도 없습니다. 돕는 배필조차도 하나님이 손수 이끌고 오셨습니다. 우리는 세상이 뭐라 해도 한눈팔지 않고 가만히 잠들어 있으면 됩니다. 그저 하나님 앞에서 기도하고 경배하고 찬양하고 있으면 됩니다. 그러면 하나님이 한 남자와 한 여자의 결합에 지대하고 세심한 관심을 가지고 우리의 만남을 준비하십니다.

자신의 죄를 보는 사람이 돕는 배필이다

키는 000cm 정도에 연봉은 0000만 원 이상이었으면 좋겠어요. 대졸 이상에 용모는 준수하고, 피부도 뽀얬으면 해요. 성격은 모나지 않고, 적당히 활달한 사람을 원해요. 이왕이면 서울에 자기 집이 있는 사람이면 좋겠고요…….

어때요, 여러분의 배우자 기도도 이렇지 않습니까? 많은 청년이 배우자에 대해 구체적으로 기도하라고 하면 이처럼 자기의 욕망을 채우는 기도만 합니다. 그래서는 결혼하기 어렵습니다. 설령 결혼에 성공하더라도 내가 바랐던 상대의 조건들이 도리어 자신을 옭아매는 올무가 되는 경우를 자주 보았습니다. 사랑을 결혼의 최우선 조건으로 내거는 사람도 많아요. 그러나 서로 열렬히 사랑해서 결혼했다가 열렬히 미워하며 이혼하는 부부가 얼마나 많습니까? 사람은 사랑을 할 수도, 만들 수도, 지을 수도 없습니다. 그러나 하나님은 사랑 그 자체이시기에 내가 하나님 때문에, 믿음 때문에 결혼한다면 사랑을 할 수도, 만들 수도, 지을 수도 있게 됩니다.

교회 다니는 청년 중에도 자기 멋대로 불신결혼하고는 갖은 평계를 대며 이혼하는 것을 보았습니다. 교회에 다녀도 '믿음은 뒷전인' 결혼을 했기 때문입니다. 돈과 외모, 학력과 능력, 집안 배경을 우선으로 보고 결혼했기 때문입니다.

내 눈에 보기 좋은 꽃미남, 꽃미녀라고 덥석 결혼했다가는 큰일

납니다. 남자나 여자나 잘생기면 얼굴값을 꼭 한다잖아요. 그 얼굴값을 치르기 위해 갖은 전쟁이 기다리고 있음을 알아야 합니다. 우리는 앉으나 서나 '믿음'을 보아야 합니다. 상대의 집안, 학벌, 재력, 외모에 이끌려선 안 됩니다. 가장 먼저 '이 사람이 하나님이 나에게 붙여 주신 사람인가, 아닌가'를 분별해야 합니다. 내게 육적인 유익을 주는 사람이 아니라 하나님이 붙여 주신 사람을 찾아야 합니다.

그런데 많은 청년이 상대를 한 번 보고는 "내 스타일이 아니야!" 하면서 만남을 끝내는 것을 봅니다. 오랫동안 만나 보지 않으면 상대를 잘 알 수 없는데, 이런 노력조차 하지 않는 건 외모로만 판단하기 때문입니다. 또 어떤 기독교 서적을 보니까 배우자를 고를 때 '그가 교회에 열심히 나가는지, 성품이 온화한지, 일을 잘하는지, 집안 내력이 어떤지 관찰해 보라'고 하더군요. 하지만 부지런하고 성품이 온유하고 일도 잘해서 골랐는데 막상 결혼해서 실망하는 일이 생기면 어찌하나요? 이혼해야 합니까?

우리는 100% 죄인입니다. 그러므로 우리 모두에게는 예수님이 필요합니다. 우리를 죄에서 구원하시고 거룩하게 하시는 예수 그리스도의 은혜 없이 우리는 아무것도 할 수 없습니다. 결혼도 마찬가지예요. 내가 죄인이고 그래서 예수 그리스도의 구원과 은혜가 필요하다는 것을 인정하는 사람끼리 만나야 합니다. 성경 어디에도 행위가 온전한 사람은 없습니다. 우리가 위대한 믿음의 조상이라 꼽는 아브라함, 야곱, 다윗도 모두 치졸한 사람들입니다. 따라서 배우자를 고를 때 가장 중요한 것은 '그리스도 안에서 자기 죄와 부족을 보는 사람인가'입니다. '나는 이렇게 반듯하고 의롭다'고 자신을 소개하는 사람이 아니라, 자신의 고난과 죄를 내어놓으며 그런 가운데서 '나는 이렇게 예수님을 믿었다'고 고백하는 사람을 골라야 하는 겁니다.

"우리 아버지가 술 좋아하고, 여자를 좋아하셨는데 그것이 나에게도 흘러 내려와 내게 음행이 있는 걸 알았다." 이런 고백을 하는 사람이 배우자의 조건에 합당합니다. 겉모양은 초라해도 자신이 죄인임을 아는 사람이 '나는 죄가 하나도 없다'고 하면서 모든 조건을 갖춘 사람보다 훨씬 낫습니다.

오직 예수 안에서 우리는 그리스도의 냄새일 뿐입니다(고후 2:14~16). 내가 잘난 것이 하나도 없지만 하나님께서 나를 구원해 주시고 사망에서 생명으로 옮기셨습니다. 그래서 내 생명의 냄새를 알아보고 찾아온 사람과 결혼해야 합니다. 생명의 냄새를 가진 남녀가 만나 연결되고 연합하는 것이 신결혼입니다. 결혼에 세상 조건은 들어갈 수 없습니다.

돕는 배필 찾기 실전 : 이삭과 리브가

창세기를 통틀어 가장 긴 24장은 이삭의 결혼 이야기입니다. 이 결혼이 얼마나 중요한지 장장 67절에 걸쳐 긴 호흡으로, 아주 세세하게 서술하고 있죠. 그 이유가 뭘까요? 약속의 씨인 이삭의 결혼은 아브라함 가정의 계보를 잇는 것을 넘어 하나님의 언약을 잇는 일이기 때문입니다. 믿음의 자녀인 우리도 마찬가지예요. '신결혼'하여 그리스도의 계보를 잇는 사명이 우리에게 있습니다. 그렇다면 이삭의 신결혼은 어떻게 이루어졌는지, 이제부터 함께 따라가 보겠어요.

| 원칙을 타협하지 않은 아브라함

> 3 내가 너에게 하늘의 하나님, 땅의 하나님이신 여호와를 가리켜 맹세하게 하노니 너는 내가 거주하는 이 지방 가나안 족속의 딸 중에서 내 아들을 위하여 아내를 택하지 말고 4 내 고향 내 족속에게로 가서 내 아들 이삭을 위하여 아내를 택하라 5 종이 이르되 여자가 나를 따라 이 땅으로 오려고 하지 아니하거든 내가 주인의 아들을 주인이 나오신 땅으로 인도하여 돌아가리이까 6 아브라함이 그에게 이르되 내 아들을 그리로 데리고 돌아가지 아니하도록 하라
>
> _창 24:3~6

아브라함은 그의 늙은 종 엘리에셀에게 아들 이삭의 짝을 찾는 일을 맡깁니다. 그런데 분명한 원칙이 있습니다. "가나안 여인은 절대 안 된다"며 선을 긋습니다. "내 고향 내 족속에게로 가서 택하라"고 당부합니다.

한때 아브라함은 가나안 족속과 무역하고 거래하며 이익을 취했습니다. 그랄 왕 아비멜렉과 언약을 맺기도 하고, 헷 족속 에브론과 친밀함을 나누기도 했습니다. 그의 아버지 데라도 갈대아 우르에 살면

서 월신月神을 섬겼습니다. 이러니 가나안과 아브라함의 고향이 무슨 차이가 있습니까? 다 그렇고 그렇지 않나요? 그럼에도 아브라함은 왜 그들과의 결혼만은 한사코 안 된다고 했을까요?

당시 가나안의 우상숭배는 극에 달했습니다. 문란하고 부패하기가 그지없었습니다. 아브라함의 고향 땅과는 비교조차 할 수 없었습니다. 그렇다고 아브라함 고향 사람들의 행위가 다 의롭다는 건 아닙니다. 이삭과 결혼한 리브가의 오라버니 라반도 얼마나 욕심이 사나운 사람인지 모릅니다.

그런데 아브라함이 고향 땅을 떠난 지 65년이 지나면서 친족들에게 아브라함이 믿는 하나님의 이름이 조금씩 전해졌습니다. 창세기 31장에서 라반이 야곱과 언약을 세우면서 "아브라함의 하나님, 나홀의 하나님, 그들의 조상의 하나님"이라고 말하는 것이 그 대표적인 사례입니다(창 31:53). 아무리 콩가루 같은 족속이라도 그들이 그 고향 땅에 남아서 하나님의 이름을 불렀다는 것입니다. 비록 욕심은 충천해도 아브라함의 친족들이 하나님의 이름을 부르는 믿음의 족속이 되었다는 것이지요.

그러므로 아브라함이 내 고향 내 족속 중에서 아들 이삭의 배필을 택하고자 한 것은 그들의 행위가 올발라서가 아닙니다. 하늘나라 백성은 결코 세상과 섞여서는 안 되기 때문입니다. 그래서 반드시 '내 고향, 내 족속'이어야 하는 것입니다.

우리의 돕는 배필도 그렇습니다. 가장 중요한 조건은 '믿는 족속인가, 아닌가'입니다. 믿음이 다 거기서 거기지만 그럼에도 하나님 나라의 시민권을 가진 자를 택해야 합니다. 믿음의 혈통을 이어 가야 하기에 예수 씨(seed)를 골라야 합니다. 불신자라도 차라리 믿음의 근거가 있는 사람을 택해야 합니다. 무엇인가라도 믿는 사람은 자신의 나약함을 인정하고 신神을 의지하는 겸손함이라도 있는데 무신론자는 자기가 신이기 때문입니다. 이야말로 최고의 우상숭배입니다.

그런데 종이 아브라함에게 이렇게 묻습니다.

"만일 신붓감이 안 따라오면 이삭을 데리고 그곳으로 가야 할까요?"

이 질문은 곧 "너무 좋은 배필감이라도 예수를 안 믿으면 어쩔까요? 그래도 데려와서 믿게 할까요?"라는 것입니다. 그러자 아브라함은 어떻게 대답합니까?

"내 아들을 그리로 데리고 돌아가지 아니하도록 하라!"

이 말인즉슨 "그의 환경과 조건이 아무리 좋을지라도 예수를 믿어야 한다"라는 것입니다. 아브라함은 결코 원칙을 타협하지 않습니다. 오직 말씀으로 굳세게 인도받습니다.

우리의 돕는 배필 찾기도 그렇습니다. 적당히 타협해선 안 됩니다. "나는 이 사람이 아니면 죽을 것 같다" 해서도 안 됩니다. "하나님이 결혼을 허락하시면 하고, 안 하시면 안 하겠다!" 이것이 믿는 자의 태도입니다.

그런데 내 고향, 내 족속에서 배필을 택하라고 하니까 "그럼 국제결혼은 하면 안 되냐?" 하는 분도 계십니다. 결혼에서 중요한 원칙은 오직 "믿는 자인가, 아닌가"입니다. 결혼의 목적은 땅과 씨입니다.

하나님 나라의 지경을 넓히기 위해, 영적 자손을 생산하기 위해, 구원을 위해 결혼하는 것입니다. 그래서 내 고향, 내 족속에게로 가서 택해야 합니다. 이 '신결혼'의 원칙을 적당히 타협해선 안 됩니다. 반드시 지켜야 합니다.

| 하나님이 인도해 주시길 구한 엘리에셀

아브라함이 아무리 원칙을 지키려 해도 엘리에셀이 중매인으로서 사명에 충실하지 않았다면 이삭의 돕는 배필 찾기 프로젝트는 결코 열매 맺지 못했을 것입니다. 엘리에셀은 한 걸음, 한 걸음 하나님께서 인도해 주시길 구하며 나아갔습니다. 그가 얼마나 신실한 중매인이었는지는 리브가의 가족 앞에서 진술하는 내용을 보면 알 수 있어요.

> 33 그 앞에 음식을 베푸니 그 사람이 이르되 내가 내 일을 진술하기 전에는 먹지 아니하겠나이다 라반이 이르되 말하소서…… 40 주인이 내게 이르되 내가 섬기는 여호와께서 그의 사자를 너와 함께 보내어 네게 평탄한 길을 주시리니 너는 내 족속 중 내 아버지 집에서 내 아들을 위하여 아내를 택할 것이니라 41 네가 내 족속에게 이를 때에는 네가 내 맹세와 상관이 없으리라 만일 그들이 네게 주지 아니할지라도 네가 내 맹세와 상관이 없으리라 하시기로
>
> _창 24:33, 40~41

리브가를 만난 엘리에셀은 그가 이삭의 신붓감인 걸 알아보고 그의 가족에게 그동안의 이야기를 진정성 있게 전합니다. 먼저 그는 "내 일을 진술하기 전에는 먹지 않겠다!"고 선포합니다. 여기서 '내 일'이란 무엇입니까? 이삭의 배필을 찾는 일이지만, 엘리에셀은 이 일이 하나님의 명령임을 알았습니다. 이삭의 배우자감 찾기는 이삭 한 사람의 일을 넘어 영적 후사를 잇는 중대한 사역입니다. 그러므로 엘리에셀은 깨어 있을 수밖에 없었습니다.

둘째로 하나님 나라가 가장 중요함을 보여 줍니다. 그는 "내가 섬기는 여호와께서 그의 사자를 너와 함께 보내어 네게 평탄한 길을 주시리라"고 했던 아브라함의 말을 그대로 전하면서 이 모든 과정을 인도하시는 주체가 하나님이심을 강조합니다. "만일 그들이 네게 주지 아니할지라도 네가 내 맹세와 상관이 없으리라" 한 아브라함의 말을 그대로 전한 것도 그래요. 이는 신결혼에 대한 굳건한 의지를 표명한 것입니다.

42 내가 오늘 우물에 이르러 말하기를 내 주인 아브라함의 하나님 여호와여 만일 내가 행하는 길에 형통함을 주실진대 43 내가 이 우물 곁에 서 있다가 젊은 여자가 물을 길으러 오거든 내가 그에게 청하기를 너는 물동이의 물을 내게 조금 마시게 하라 하여 44 그의 대답이 당신은 마시라 내가 또 당신의 낙타를 위하여도 길으리라 하면 그 여자는 여호와께서 내 주인의 아들을 위하여 정하여 주신 자가 되리이다 하며_창 24:42~44

나아가 그는 늘 기도하며 인도함을 구했습니다. 엘리에셀은 "내 고향 내 족속 중에서 이삭의 아내를 택하라"는 아브라함의 명을 이루게 해 달라고 기도했습니다. 한데 아무리 내 고향, 내 족속 처녀라도 믿음이 없다면 꽝이잖아요? 그래서 그는 신붓감의 믿음을 두고서 더 구체적으로 기도했습니다. 물을 마시게 해 달라 청했을 때 자신뿐만 아니라 낙타까지 마시게 하는 처녀라면 여호와께서 정하신 자로 알겠다고 기도했지요. 그 결과, 기도를 마치기도 전에 리브가를 만났습니다.

> 이제 당신들이 인자함과 진실함으로 내 주인을 대접하려거든 내게 알게 해 주시고 그렇지 아니할지라도 내게 알게 해 주셔서 내가 우로든지 좌로든지 행하게 하소서_창 24:49

그런데 이처럼 성실히 진술한 엘리에셀이 모든 얘기를 마친 뒤엔 단호한 모습을 보입니다. "내가 우로든지 좌로든지 행하게 하소서"라는 말은 "나는 언약의 후사를 잇고자 최선을 다했습니다. 이제 선택은 당신들 몫입니다!"라는 선포입니다. 최선을 다해 중매하되 복음에 관해서는 단호합니다.

어떤 일이든지 하나님의 인도를 받는 것이 정말 중요해요. 한 걸음, 한 걸음 하나님을 인격적으로 만나면서 나아가야 합니다. 결혼도 마찬가지입니다. 엘리에셀은 리브가를 얻기까지 매사 하나님의 인도하심을 따라 결정했습니다. 상대의 능력이나 외모, 재력을 비교한 것이 아니라 오직 주께서 정하신 신부를 찾고자 노력했습니다. 아브라함과 이삭에 대해서도 결코 미화하지 않고 있는 그대로 전합니다. 이런 참된 중매자 한 사람이 모두를 영광스러운 보좌에 올려 두었습니다.

| 오직 믿음으로 떠난 리브가

앞서 아브라함은 "만일 여자가 너를 따라 오려고 하지 아니하면 나의 이 맹세가 너와 상관이 없나니 오직 내 아들을 데리고 그리로 가지 말지니라"(창 24:8)고 했습니다. "만약 여자가 따라오지 않는다고 해도 아들은 결코 보낼 수 없다"라는 것입니다. 이삭의 신붓감도 이삭을 보지 못할지언정 믿음으로 바라며(히 11:1) 오라는 겁니다. 과연 누가 그럴 수 있겠습니까?

리브가가 일어나 여자 종들과 함께 낙타를 타고 그 사람을 따라가니 그 종이 리브가를 데리고 가니라_창 24:61

그런데 도무지 가능할 것 같지 않은 그 일이 일어납니다. 할렐루야! 한 번 본 적도 없는 이삭과 결혼하겠다고 결단하고는 리브가가 엘리에셀을 따라나섭니다. 어떻게 그럴 수 있었을까요?

리브가는 엘리에셀이 전해 준 이삭에 관한 보고, 즉 예수 그리스도에 관한 증거를 믿고서 떠납니다. 그 증거만으로도 족했습니다. 리브가는 안정된 삶에 안주하지 않았어요. 얼굴 한 번 본 적 없지만 이삭 안에 있는 예수 그리스도를 보고 바라는 것을 실상으로 놓고 갑니다.

그리스도의 계보를 이을 자로 부름받고 약속의 주인공이 되기 위해 떠납니다.

어떤 지고지순한 사랑도 이처럼 예수님 자체를 원하는 마음보다 고귀하지 않습니다. 주님은 예수님 자체를 사랑하며 그분과 함께 있기를 소망하는 자를 순결한 길로 인도하십니다. 우리의 결혼도 마찬가지입니다. 오직 믿음만 바라며 주님의 약속을 믿고 나아갈 때, 성령께서 역사하여 그 결혼을 책임져 주세요.

청년부 온유 형제는 5대째 기독교를 믿는 가정에서 태어났습니다. 그런데 초등학생 때 부모님이 이혼하시면서 어머니에 대한 그리움과 외로움으로 어린 시절을 보냈습니다. 이후 아버지의 사업까지 망하여 지옥 같은 집을 버리고 도망갈 궁리만 했답니다.

그러나 우리들교회로 인도되어서 제가 전하는 말씀을 듣고 삶을 해석하기 시작했습니다. 부모의 이혼과 아버지 사업이 망한 사건이 심판이 아니라, 온 가족을 살리기 위한 구원의 사건임을 깨닫게 된 것입니다. 이후 형제는 아버지를 버리고 도망치려 했던 죄를 회개하며 아들의 자리를 잘 지켰습니다. 또한 학업에도 충실하여, 영국에서 전액 장학금을 받고 박사과정을 수료할 기회를 얻게 됐습니다.

그즈음 형제는 교회 청년부에서 미소가 예쁜 은하 자매를 만나 교제를 시작했습니다. 온유 형제처럼 은하 자매에게도 큰 상처가 있었습니다. 어린 시절 자신의 약을 사러 나간 언니가 교통사고를 당해 하나님 품으로 떠난 것이에요. 그로 인해 자매는 큰 죄책감을 안고 자랐습니다. 청년이 되어서는 어머니를 위협하는 남동생을 막으려다

동생이 휘두른 주먹에 한쪽 눈의 망막이 찢어져 시력을 거의 잃다시 피 했습니다.

그런데 공동체 앞에서 이런 아픔들을 솔직하게 나누는 모습을 보며 이 두 형제자매가 서로 반했습니다. 그리고 교제 끝에 형제가 영국으로 출국하기 전에 결혼예배를 드렸습니다. 이만하면 불행 끝, 행복 시작 아닙니까? 하지만 결혼 전후로 이 둘은 다툼이 잦았습니다.

은하 자매는 나름 가정의 질서와 아내의 때에 순종하기 위해 직장도 학업도 포기하고 영국으로 같이 가려고 하는데, 온유 형제가 자주 혈기를 부렸습니다. 그러다 보니 자매에게는 "네가 어떻게 나에게 혈기를 낼 수 있냐?"는 생색과 억울함이 주제가 되었습니다. 게다가 몇 푼 안 되는 장학금으로 십일조를 드리겠다 하고, 영국에 가면 유럽 지역의 유학생들과 큐티 모임을 가질 수 있도록 온 성도들 앞에서 기도 부탁까지 하는 형제가 무시되었습니다. '돈도 없고, 집도 없고, 직장도 없는데 대체 어떻게 살라고 저러나?' 하며 곧 시작될 영국 생활에서 아내의 책임과 현실을 회피하고만 싶었습니다.

우리의 마음이 다 이렇지 않습니까? 그런데 이 자매는 곧 자신의 마음을 돌이켰습니다. 그리고 결혼예배 때 하객들 앞에서 눈물을 흘리며 이런 고백과 기도 부탁을 했습니다.

신앙의 본질은 저의 감정이 어떻든지 지금 제게 주신 말씀대로 행하는 것이며, 가정의 질서에 순종하는 것도 저의 힘이나 감정이 아닌 하나님 말씀에 순종하는 것임이 깨달아졌습니다. 유학 중에도 환경 탓하지 않고 남편의 적용을 따라 목장예배 잘 드리고 믿음의 지체들을 섬기도록 기도 부탁드립니다.

주께서 정하신 사람을 만나 신결혼하면 날마다 거룩할 것 같지만, 이렇게 조금만 내 뜻에 빗나가도 은혜가 반감됩니다. 하지만 리브가가 잘나서 엘리에셀을 따라나선 것이 아니에요. 리브가가 믿음으로 결단하자 엘리에셀이 그녀를 "데리고 가더라"고 했습니다. 우리 결혼도 그래요. 내가 신결혼을 하겠다고 결단하면 성령께서 이끌어 주십니다.

| 묵상하고 기도하면서 인내한 이삭

아브라함이 종 엘리에셀을 보낸 목적은 그저 참한 며느리를 구하기 위함이 아닙니다. 영적 후사 이삭에게 하나님이 예비하신 신부를 구해 주기 위함입니다. 그래서 아브라함은 오랫동안 기도했을 것입니다. 엘리에셀 역시나 주인의 명령대로 약속의 배우자를 구하러 간 것이기에 계속 기도했습니다. 그러면 결혼 당사자인 이삭은 어땠을까요?

63 이삭이 저물 때에 들에 나가 묵상하다가 눈을 들어 보매 낙타들이 오는지라 64 리브가가 눈을 들어 이삭을 바라보고 낙타에서 내려_창 24:63~64

이삭은 들에 나가 '묵상'을 했습니다. '명상'을 한 게 아니라 말씀 묵상, 즉 큐티를 한 것입니다.

명상은 나를 비움으로 내가 삶의 주인이 되는 것이고, 하나님의 말씀을 묵상하는 것은 나를 비우고 하나님이 내 삶의 주인이 되시도록 채우는 것입니다.

이삭은 이렇게 묵상하고 기도하며 돕는 배필을 기다렸을 것 같아요.

"하나님께서 제 삶의 주인이 되어 주시옵소서. 어머니 사라의 인생을 보니, 어머니도 실수를 많이 하셨습니다. 하지만 하나님의 은혜로 여러 민족의 어머니가 되었습니다. 저도 실수가 많습니다. 그럼에도 하나님의 은혜를 원합니다. 제 삶의 주인이 제가 아니라 하나님이 되길 원합니다."

이렇듯 이삭의 혼사는 아브라함의 기도로 시작해서 종 엘리에셀의 기도로 진행되고 이삭의 기도로 완결됩니다.

아마도 이삭은 혼자 있으면서 하나님과 친밀하게 교제하는 법을 배웠을 것이에요. 그러므로 혼자 기도했는데도 좋은 배필을 허락하십니다. 이런 사람이 매력 있는 사람입니다.

"외로워 못 살겠어" 부르짖는 사람은 그 사람만 봐도 외로움이 따라와서 싫습니다. 불행한 너와 내가 만나면 불행한 우리가 될 수밖에 없어요. 혼자서 잘 살 수 있는 사람이 결혼해서도 잘 삽니다. 거룩한 너와 내가 만나 거룩한 가정을 이루는 것이 신결혼입니다.

36

거룩한 너와 나, 행복한 우리

저는 결혼식 주례를 할 때마다 "결혼은 나의 생살의 반을 잘라내고 반을 채워 넣는 것"이라고 늘 강조합니다. 이러한 과정을 거쳐야하니 결혼생활에 얼마나 많은 문제가 일어나겠습니까? 우리 몸에 이물질이 들어올 때 면역거부반응이 일어나듯이 끊임없이 충돌이 일어납니다.

그러나 결혼은 상대방의 잘못을 고쳐서 내게 맞추는 것이 아닙니다. 아무리 나보다 부족한 배필을 만나도 그렇습니다. 하나가 되려면 잘난 나의 반을 버려야 해요. 그 자리는 내 배필의 반으로 채워야합니다. 상대방의 사연을 껴안고 그의 짐을 내가 져야 합니다. 그래서 결혼을 통해 하나가 되려면 비움의 영성, 채움의 영성이 필요합니다.

그런데도 많은 이들은 여전히 결혼에 대한 환상만 품고, 자신만을 일평생 바라봐 줄 배필 찾기에 여념이 없습니다. 그저 인생의 행복만 바라보고 신기루 같은 환상을 좇습니다. 하지만 그런 결혼은 반드시 실망하게 됩니다. 인생이 고달파집니다. 이성 교제가 힘들고 결혼이 어려운 이유도 마찬가지입니다. 여전히 내가 이런저런 조건에 매여 있기 때문입니다.

한 부부는 말싸움이 몸싸움으로까지 번져, 서로 유리컵을 집어던지기까지 하며 아주 격렬하게 싸웠답니다. 그야말로 집 안이 피투성이가 되었죠. 경찰차가 오고 구급차에 실려 가고……. 이런 지경이되면 이혼하는 것이 맞아 보입니다. '내가 뭐 하려고 이러고 사나?' 이런 마음이 왜 안 들겠습니까.

그러나 어떤 죄인이라도 하나님 보시기에는 구원받아야 할 사람일 뿐입니다. "내가 옳다" 하는 것이 가장 큰 죄입니다. "당신이 옳도다"가 안 되기에 날마다 "이 인간, 저 인간" 하면서 지겹게 상대방의 악만 나열하는 것입니다. 그래서 이혼 타령을 합니다. 하지만 서로 욕하고, 저주하고, 집어 던져 가면서 이혼하면 인생이 더 행복해집니까? 상처만 덧나고 이혼의 굴레가 하나 더 씌워져서 더 힘들어지기 마련입니다.

결혼은 언약의 최고봉입니다. 언약은 지켜야 하는 것입니다. 언약을 깨고, 약속을 깨고 어디에 가서 무슨 복을 받으려고 그러십니까?

물론 이 세상에 불행하고 싶은 사람은 없습니다. 가난하고 싶은 사람도 없고, 무식해지고 싶은 사람도 없습니다. 배우자에게 배신당하고 싶은 사람도 없고, 가정폭력을 당하고 싶은 사람도 없습니다. 하지만 그런 불행을 피하려고 아등바등하는 게 우리 인생의 목적은 아니잖아요.

우리 결혼의 목적도 남자와 여자가 만나서 대충 행복하게 사는 게 아닙니다. 그러기 위해 결혼한다면 그 결혼은 100% 망할 수밖에 없습니다.

하나님께서 종살이하던 우리를 애굽 땅에서 구원해 내신 이유는 "너희를 내 백성으로 삼고 나는 너희의 하나님이 되리니"(출 6:7)라는 것을 알게 하기 위해서입니다. 우리를 구원하신 목적은 '하나님이 우리의 하나님 되시기 위함'입니다. 그러니 우리의 인생 목적 역시 '하나님이 우리의 하나님 되시기 위함'이 되어야 하지 않겠습니까?

우리의 인생 목적도, 결혼 목적도 거룩이 되어야 하는 이유가 여기에 있습니다. 거룩이 목적이 되지 않으면 모든 결혼은 무너질 수밖에 없습니다. 100% 죄인인 남자와 여자가 만나서 살아가는데 어떻게 행복할 수 있겠습니까. 행복만 좇으면 불행해질 수밖에 없습니다. 그러나 하나님의 목적인 거룩을 좇으면 행복은 저절로 따라옵니다.

고린도전서 7장 14절에 "믿지 아니하는 남편이 아내로 말미암아 거룩하게 되고 믿지 아니하는 아내가 남편으로 말미암아 거룩하게 되나니 그렇지 아니하면 너희 자녀도 깨끗하지 못하니라……"고 합니다. 이 말씀처럼 구별된 사람은 나를 거룩하게 하고 나의 배필을 거룩하게 합니다.

거룩을 위해 가장 수고하는 역할이 식구입니다. 먼저 믿은 내가 거룩하면 배우자도 거룩하길 원하는 마음을 품게 되고, 그것이 자녀도 거룩하게 하는 비결입니다. 부부가 행복하게 살아도 예수가 없으면 자녀에게 복을 전해줄 수 없습니다. 내가 삶의 목표를 행복으로 두고 열심히 걸어가면 고난이 굽이굽이 옵니다. 그러나 목표를 거룩으로 두고 걸어가면 굽이굽이 온 고난만큼 자녀가 거룩해지고 복을 받는 것입니다.

그렇습니다. 인생의 목적, 결혼의 목적은 거룩입니다. 부부가 서로 사랑해야 하는 이유는 결혼의 목적인 거룩을 이루기 위해서입니다. 흠이 많은 아내, 허물이 많은 남편을 거룩하고 영광스러운 교회로 세우기 위해 사랑의 명령을 주신 것입니다.

친구의 전도로 우리들교회에 와서 믿음의 교제도 하고 결혼한 은지 자매가 있습니다. 그러나 결혼하기까지에는 정말 좁은 길을 걸어야 했습니다.

남편의 인간적인 다정함이 좋아서 결혼을 결심했는데, 어느 순간부터 남편은 저에게 화가 나면 소리치고 욕을 해 댔습니다. 저는 '내가 속았다'를 외쳤죠.

그러다 결혼을 6개월 앞둔 어느 날, 목사님 세 분을 모시고 심방을 했습니다. 그날 남편은 아버지처럼 되고 싶지 않았는데 되돌아보니 가장 사랑하는 저에게 아버지처럼 행동하는 자신의 모습을 고백했고, 그것이 너무 싫다며 눈물로 회개했습니다. 그 회개에 그동안 남편이 어떤 삶을 살아왔는지 이해가 되어 저도 함께 눈물을 흘리며 이 사람과 함께 가야겠다고 결심했습니다. 그리고 그제야 저희는 허울뿐인 준비가 아닌 진실한 결혼 준비를 하기 시작했습니다. 매일 함께 큐티하고 예배를 빠지지 않고 드리며 아주 사소한 것까지 목장에 묻고 나눴습니다.

하지만 결혼을 3주 남겨놓고 파혼 이야기까지 꺼낼 정도로 크게 싸웠습니다. 정말 그만두고 싶었던 그때, 저는 수치를 무릅쓰고 공동체에 제 상황을 나눴습니다. 그런 저에게 지체들은 사랑의 권면을 해 주었습니다. 무엇보다 "남편에 대한 나의 사랑이 얄팍했다"고 하시는 담임목사님의 간증을 들으며 제 부족함이 보였습니다. 나는 한 치도 손해 보고 싶어 하지 않는 죄인이라 남편보다 얄팍한 사랑을 했음이 비

로소 깨달아졌습니다. 남편에게 미안한 마음이 들어 눈물이 났고 신
결혼에 대해 마음을 굳게 할 수 있었습니다.

그러자 하나님께서는 여러 모양으로 응답해 주셨습니다. 시아버님은
심방을 받으신 후 정신과에 다니게 되셨고, 남편도 부부 심리상담을
예약했습니다. 게다가 담임목사님께서 그 주 수요예배, 주일예배에서
저희를 언급해 주셔서 감사하게도 저는 분명한 하나님의 응답 속에서
결혼을 결정할 수 있었습니다. '분별하라'는 말씀은, 상대방의 뭐 하나
가 마음에 안 들면 떠나 버리라는 뜻이 아니었습니다. '서로의 짐을 함
께 질 수 있냐'는 물음이었습니다. 이 물음에 제가 내린 답은 "서로의
멍에를 기꺼이 함께 지겠다"였습니다.

그렇게 결혼하고 보니 은지 자매는 남편이 자신보다 훨씬 낫게
여겨지더랍니다. 또 그런 마음을 남편에게 털어놓았더니 남편도 사
랑의 언어를 너무나 잘 써 주었습니다. 은지 자매가 복종의 언어를 쓰
지 못할 때도 기다려 주었습니다. 더 이상 소리치지 않고 자매보다도
차분한 사람이 되었답니다.

그렇습니다. 그렇게 고르고 또 골라서 돕는 배필을 얻어도 다툼
은 수없이 일어납니다. 그러나 그 다툼을 통해 내 부족함을 보고, 사랑
의 본체이신 예수님을 만나는 것이 중요합니다. 미워하고 원망하던 배
필에게도 예수님이 필요하다는 것을 알고, 그 배필을 예수께로 인도하
기에 힘써야 합니다. 그리하면 당연히 내 배필을 사랑하게 되고 복종
하게 됩니다. 이것이 결혼을 통해 이루어 가는 거룩의 과정입니다.

그러니 내 부족함을 아는 배필이야말로 최고의 배필입니다. 자신에게는 더 이상 바랄 것 없어서 하나님께만 소망을 둔 사람이 최고의 배필이에요! 이런 돕는 배필을 만나려면 구속사적인 안목으로 사람을 보아야 합니다. 외모로는 알 수 없습니다.

생명의 냄새를 가진 남녀가 만나
연결되고 연합하는 것이 신결혼입니다.
결혼에 세상 조건은 들어갈 수 없습니다.

♥ Question & Think

Q. 내가 구하는 배우자의 조건은 무엇인가요? 한번 적어 보세요.

(ex. 외모, 재산, 학력, 직업, 성격, 가치관, 나이, 건강, 믿음 등)

❶ _____   ❻ _____

❷ _____   ❼ _____

❸ _____   ❽ _____

❹ _____   ❾ _____

❺ _____   ❿ _____

Q. 돕는 배필을 만나기 위해서는 내가 먼저 세상에 대해 깊이 잠들어야 합니다. 위 순위에서 내가 세상적인 가치관으로 구하고 있는 것은 무엇인가요?

_____

_____

_____

_____

_____

_____

_____

Q. 나는 상대방의 돕는 배필로서 준비되어 있습니까? 내가 먼저 돕는 배
필이 되기 위해 하나님께 구해야 할 것은 무엇인가요?

_____

_____

_____

Q. 내 옆에 있는 형제·자매를 하나님이 예정하신 배필이라고 확신하게
된 계기는 무엇인가요?

_____

_____

_____

Q. 이삭은 혼자 기도했는데도 좋은 배필을 허락하셨습니다. 혼자서 잘 살
수 있는 사람이라야 진짜 매력 있는 사람입니다. 나는 혼자만의 시간
을 어떻게 보내는지 타임 테이블을 작성해 보세요. (ex. 저녁 6-7시 : 저녁
식사, 7-9시 : 운동, 9-10시: 청소, 10-11시 : TV 시청, 11시 : 취침)

_____

_____

_____

저는 어릴 때부터 선천적으로 몸이 약해 병원 생활을 해야 했습니다. 그러면서 '나는 왜 다른 친구들처럼 건강하지 못할까?' 하는 열등감과 피해의식을 품고 겉으로만 착한 척하며 살았습니다. 하나님은 그렇게 영적으로 죽어가던 저를 택하여 20대 후반에 우리들교회로 인도하셨습니다. 그리고 공동체에서 날마다 말씀을 묵상하고 나누며 가니 세상에서 잘되는 것만 축복이라 여기던 제게 연약한 몸을 주셔서 겸손한 환경을 살게 하신 것이 최고의 축복임을 깨닫게 하셨습니다.

그러다 저는 청년부에서 한 자매를 만났습니다. 제게는 육신의 연약함으로 인한 열등감과 피해의식이 있었고, 자매에게는 만성 우울과 강박증이 있었습니다. 교제를 하며 어려움이 많았지만, 교회 공동체가 우리 커플에게 힘이 되었습니다. 자매는 교제 중에 '배우자의 몸이 많이 아프게 되어도 끝까지 그 옆을 지켜 줄 수 있을까?' 하는 문제를 공동체에 치열하게 나누었습니다. 저는 지체들과의 나눔을 통해 '나는 성품 좋고 공감을 잘하는 사람'이라는 착각에서 빠져나올 수 있었습니다.

그러나 자매 어머니가 교제를 반대하시자 저는 겉으로 의연한 척했으나 수치스러웠고 점점 불만이 쌓여 갔습니다. 교제 기간 3년 내내 반대하시니 여자 친구 뒤에 숨어 결혼식을 진행하기에 이르렀습니다. 이후 하나님과 공동체가 증인이 되어 결혼예배를 올리고 결

혼생활을 시작했지만 '나는 피해자, 장모님은 가해자'라는 생각으로 마음에 평강이 없었습니다. 하나님은 이런 저의 속마음을 부부목장에서 나누고 양육을 받게 하심으로 내가 이기려고 장모님을 아프게 한 죄, 피해의식으로 내 잘못은 못 보고 장모님 탓만 한 죄를 보게 하셨습니다. 그러면서 장모님과의 관계 단절이 내 삶의 결론임을 인정하게 되었습니다.

그러던 중 작년 추석에 아내를 통해 장모님께 뵙기를 청하자 장모님이 집으로 오라고 하셨습니다. 그날 저는 결혼한 지 6년 만에 장모님을 처음 대면했습니다. 큰절을 드리며 무릎을 꿇고 "그동안 장모님 마음을 아프게 한 저의 죄를 용서해 주세요"라고 말씀드렸습니다. 그러자 장모님은 "지난 일은 다 잊고 너희 가정에 평강이 있기를 기도한다"고 하셨습니다. 그리고 이어진 식사 자리에서 맛있는 음식들을 계속 내주셨습니다.

이렇게 저는 깊은 피해의식과 열등감으로 내 죄보다 나의 상처와 아픔을 먼저 보는 사람입니다. 그러나 이제는 그리스도의 말씀이 풍성히 거하는 공동체에 속해 내 죄를 보는 것이 사랑받고 사랑하는 비결임을 알게 되었습니다(골 3:16). 저희 부부에게는 육적 자녀가 없습니다. 그로 인해 비교 의식과 열등감도 들지만, 주의 은혜를 의지하여 수많은 영적 자녀를 낳는 부부가 되기를 소망합니다.

거룩한 결혼 준비

속아서 결혼했다고?

한 이집트 남성이 결혼 한 달 만에 이혼 소송을 냈다는 기사를 읽었습니다. 이 부부는 SNS(Social Network Services)를 통해서 만났답니다. 남성은 아내가 올린 예쁜 사진에 반해 데이트를 신청했고, 몇 번의 만남 끝에 결혼에 성공했습니다. 문제는 결혼식 이튿날 아침에 일어났습니다. 그동안 아내의 화장한 모습만 보았던 남성은 큰 충격에 빠졌습니다. 그 예쁘던 얼굴은 온데간데없고 전혀 딴판인 여자를 마주하게 된 것이죠. 남성은 버티다 못해 "속았다!" 외치며 이혼 소송을 내고 말았습니다.

　참 웃지 못할 얘기입니다. 또한, 남 일 같지 않은 얘기이기도 해요. 우리가 그렇습니다. 대부분 육체적인 것에 기초를 두고 연애하고 결혼합니다. 상대의 외모나 능력만 보고 묻지도 따지지도 않고 결혼했다가 뒤늦게 "속았다!"고들 합니다.

　그러면 어떻게 속지 않는 결혼을 할 수 있을까요? 상대의 민낯부터 졸업증명서와 건강진단서, 생활기록부에 통장 잔고까지 샅샅이 확인하면 뒤통수 맞지 않는 결혼을 하는 것일까요? 어떻게 하는 결혼이 그야말로 '잘하는 결혼'일까요?

100% 죄인인 우리에게 인생길은 구원이라는 종착지로 가는 훈련장이라고도 할 수 있어요. 결혼도 그렇습니다. 결혼생활을 통해, 나와 전혀 다른 배우자를 통해 이기적인 나의 자아가 깨지고 나 자신을 주님께 철저히 복종시키는 훈련을 받는 것이에요. 다시 말하지만, 결혼의 목적은 행복이 아니고 '거룩'입니다. 그러므로 무엇보다 신결혼을 하는 것이 중요하다고 했어요. 서로의 외모나 재산, 성품이나 학력만을 따질 게 아니라, "상대가 진정 하나님을 믿는 사람인가"를 반드시 점검해 봐야 합니다.

이탈리아 속담에 "애정 때문에 결혼하는 자는 분노 때문에 망한다"라고 했습니다. 나에게 잘해 주는 것에 속아서, 유순한 성품에 속아서 믿음을 뒤로하면 안 됩니다. '교회 다니는 사람이면 됐지' 해서도 안 됩니다. 교회 다니는 사람끼리 만났다고 해서 무조건 신교제이고, 신결혼을 하는 것은 아닙니다. "나와 평생을 함께할 사람이 하나님 앞에서 자신이 죄인임을 확실히 고백하는가"를 봐야 합니다. 앞장에서도 이야기했지만 서로가 '돕는 배필'로 준비되어야 하지요.

여러분, 결혼 준비부터가 신결혼의 시작입니다. 우리가 참된 신결혼을 하려면 무엇을 점검해야 하고, 준비해야 할까요? 지금부터 더 구체적으로 살펴보기로 해요.

결혼의 원리를 이해하고 준비하자!

여러분은 '결혼'이란 무엇이라고 생각하나요? 단순히 사랑하는 남녀가 만나서 가정을 이루는 것만은 아닙니다. 모든 일이 그렇듯 결혼에도 원리가 있습니다. 하나님은 자신이 만드신 결혼이라는 제도에 어떤 원리를 심어 두셨을까요?

> 24 이러므로 남자가 부모를 떠나 그의 아내와 합하여 둘이 한 몸을 이룰지로다 25 아담과 그의 아내 두 사람이 벌거벗었으나 부끄러워하지 아니하니라_창 2:24~25

| 남자가 그의 아내와

아담의 갈빗대를 취해 돕는 배필을 지어 주신 하나님은 "남자가 부모를 떠나 그의 아내와 합하여 둘이 한 몸을 이룰지로다!" 명령하십니다.

결혼의 첫 번째 원리는 "남자와 여자가" 합하는 것입니다. 요즘 성적 소수자의 인권을 보장해 달라는 목소리가 높아지고, 동성 결혼을 합법화하려는 움직임도 일어납니다. 실제로 몇몇 국가는 동성 결혼을 허용하기도 했지요. 그러나 이는 하나님의 창조 질서에 어긋나는, 무서운 죄라는 걸 결코 잊어선 안 됩니다.

결혼은 남자와 여자의 결합입니다. 다른 형태의 결혼은 결코 존재할 수 없습니다. 나아가 본문을 원어로 살펴보면 '그(남자)'도, '아내'도 단수입니다. 즉, '한' 남자와 '한' 여자가 합하여 하나가 되는 것이 결혼입니다.

| 부모를 떠나

결혼의 두 번째 원리는 "부모를 떠나는 것"입니다. 특별히 '남자가' 부모를 떠나야 합니다.

나를 자기 생명처럼 아끼고 사랑해 주는 사람은 이 세상에 오직 부모밖에 없습니다. 하지만 아무리 좋은 부모라도 평생 함께할 수는 없습니다. 하나님의 뜻을 따라 우리가 생육하고 번성하려면(창 1:28), 먼저 부모를 떠나야 합니다. 부부만이 자식을 낳을 수 있지 않습니까? 영적 자손을 출산하기 위해서는 부모를 떠나 배우자와 함께해야 합니다.

'떠난다'는 말은 그저 거처를 옮기는 것만을 뜻하지는 않아요. '본래 속했던 집단이나 관계를 청산한다'라는 의미가 있습니다. 건강한 부부가 되려면 무엇보다 각자가 부모로부터 인격적으로 독립된 존재가 되어야 합니다. 육체적·정신적으로 떠나야 할 뿐만 아니라 사회적·경제적·신앙적으로도 독립해야 합니다. 부모에게 지혜를 구할 수는 있지만, 의지적으로 자립하지 못하면 시집·장가를 가도 부부가 한 몸이 되기 어렵습니다.

| 합하여

결혼의 세 번째 원리는 "연합"입니다. "남자가 그 아내와 합하여 둘이 한 몸을 이루라" 하십니다. '합하여'는 마치 아교풀로 붙이듯, 부부가 딱 붙어 연합하라는 의미입니다.

그런데 좀 이상하지요? '한 남자 더하기 한 여자'는 '둘'이 되어야 마땅한데 어찌 '하나'가 되라 하실까요? 어떻게 둘이 하나가 될 수 있을까요?

그 답은, '나의 반을 버리고 상대방의 반을 붙이는' 것이에요. 그래서 결혼엔 고통이 따릅니다. 생살을 잘라 내는 아픔과 새로운 것이 이식되는 아픔이 동반됩니다.

또 단번에 연합될 수 없어요. 서로 다른 인생을 살아온 둘이 만났는데 어찌 한 번에 연합될 수 있겠습니까? 그러므로 날마다 잘라 내고 붙이는 일이 반복됩니다. 하지만 이 과정을 거쳐야 진정한 결혼의 원리를 이룰 수 있습니다.

| 둘이 한 몸을 이루어

결혼의 네 번째 원리는 "둘이 한 몸을 이루는 것"이에요. 결혼은 상대에게 속해서 서로 하나가 되는 것입니다.

부부간의 성행위를 말하는 구약의 히브리어 표현 '야다'는 '알다'라는 의미입니다. 성의 결합을 통해 부부는 서로를 전인격적으로 깊이 알게 됩니다. 성이 육체적인 것뿐만 아니라 영적인 요소를 가지고 있기 때문입니다. 두 몸과 영혼이 하나가 되는 것이 성관계입니다. 그리고 이것은 결혼 관계 안에서만 가능합니다.

| 부끄러워하지 아니하니라

다섯 번째 결혼의 원리는 "벌거벗어도 부끄러움이 없는 것"입니다. 25절에 '부끄러워한다'라는 말에는 '예상치 못한 재난을 당하여 낙담하다'라는 뜻이 있습니다. 결혼은 서로 다른 인생을 살아온 남녀의 결합입니다. 대부분의 집안에 사건이 있고 어려움이 있고 부끄러운 일이 있습니다. 그런데 우리는 이것을 다 감추고 숨긴 채 결혼하려 합니다. 덮고 포장해서 결혼합니다.

그러나 아무리 감추어도 그 포장은 오래가지 못합니다. 영원하지 않습니다. 어느 땐가는 벗겨지고 감추었던 속이 드러납니다. 그러면 우리는 마치 예상치 못한 재난을 당한 것처럼 너무나 낙담하죠.

부부가 서로 갑옷을 입고 투구를 쓰고 침대에 누워 있다고 상상해 보세요. 아파서 서로에게 다가가지 못할 겁니다. '서로 벌거벗고 만나는 관계'가 진정한 부부입니다. 인격의 가면을 벗고, 허세와 겉치레를 벗고 만나는 돕는 배필이 되기를 바랍니다. 그럴 때 진실로 서로 부끄러워하지 않게 됩니다.

결혼을 결단하는 과정도 거룩해야 한다

한 남자가 여자 친구와 결혼하기로 마음먹고 무작정 밀어붙였다가 그만 뺑 차였습니다. 이후 남자는 마음에 드는 다른 여자를 만났지만, 차일피일 고백을 미루다가 다른 남자에게 그녀를 뺏기고 말았죠. 도대체 이 남자는 무엇이 문제일까요?

늘 결단을 잘 내려야 하는데 그것이 너무 어렵습니다. 인생을 통틀어 가장 어려운 결단을 꼽자면 결혼 아닐까요? 몇 년을 연애했어도 이 남자와, 이 여자와 결혼해도 될지 결단을 내리기가 쉽지 않습니다.

한 연구에 의하면 부부 사이에 갈등을 일으키는 가장 큰 요소가 '계획적인가, 무계획적인가', '객관적인가, 주관적인가' 차이라고 합니다. 예를 들어, 무계획적인 사람은 매사 정해진 대로 사는 상대가 숨이 막힙니다. 반대로 계획적인 사람은 늘 천하태평인 상대가 답답할 테죠.

또한 지나치게 객관적인 사람은 배려심과 공감 능력이 부족하여 상대에게 쉽게 상처를 주고, 주관적인 사람은 오해를 잘한답니다. 예를 들어, 주관적인 성향이 강한 아내는 남편이 외식하자고 하면 '내가 만든 음식이 맛이 없어서 그런가?'라고 생각한답니다.

그렇다면 계획적인지 아닌지, 객관적인지 주관적인지 열심히 따져서 결혼하면 갈등이 없을까요? 나와 전혀 다른 상대와는 결혼해서는 안 되는 걸까요? 절대 그렇지 않아요. 결혼은 옳고 그름으로 하는 것이 아닙니다. 기질이 어떻고, 행위가 어떻고 아무리 재고 따져도 그

것이 결혼을 결단할 이유는 되지 못합니다. 그렇다면 언제 어떤 것을 보고 결혼을 결단할 수 있을까요?

우리가 앞서 보았던 믿음의 커플, '이삭과 리브가'는 결혼하기까지 어떤 과정을 거쳤는지 다시 돌아가 봅시다.

| 이 일이 여호와께로 말미암았을 때 결단해야 한다

49 이제 당신들이 인자함과 진실함으로 내 주인을 대접하려거든 내게 알게 해 주시고 그렇지 아니할지라도 내게 알게 해 주셔서 내가 우로든지 좌로든지 행하게 하소서 50 라반과 브두엘이 대답하여 이르되 이 일이 여호와께로 말미암았으니 우리는 가부를 말할 수 없노라 51 리브가가 당신 앞에 있으니 데리고 가서 여호와의 명령대로 그를 당신의 주인의 아들의 아내가 되게 하라_창 24:49~51

앞서 우리는 아브라함의 종 엘리에셀이 이삭의 신붓감을 어떻게 구했는지를 보았어요. 엘리에셀은 리브가가 이삭의 배필이라고 확신했습니다. 영적 후사를 구한 그의 기도가 마침내 응답을 받았죠. 이제 그는 리브가의 가족에게 이 결혼을 결단하기를 촉구합니다.

그런데 리브가의 아버지 브두엘과 오라버니 라반이 뭐라 합니까? "이 혼사는 여호와의 명이기에 그대로 따르겠다"고 합니다. 그들은 이 일이 하나님께로 말미암은 혼사인 것을 깨달았어요.

그들은 비록 믿음이 연약해도 여호와의 이름을 내걸고 사는 사람들이었습니다. 그러므로 이 혼사가 여호와의 명령임을 깨달은 이상 더는 거역할 수 없었습니다.

간혹 "하나님의 사인sign이 없다"고 하면서 자녀의 결혼을 말리는 부모를 봅니다. "너희 둘이 결혼하면 하나님이 치신대" 하며 자녀를 겁박하는 부모도 보았어요. 대체 하나님의 사인이 없다는 게 무슨 뜻입니까? 하나님이 "결혼해라, 말라" 꿈속에서 직통 계시라도 해 주시나요? 사실 며느릿감, 사윗감의 외적 조건이 맘에 들지 않아 반대하는 것인데, 겉으론 그럴싸하게 하나님의 뜻을 가져다 붙이는 부모 때문에 자녀들 마음에 피멍이 듭니다.

당사자들도 그래요. 막상 결혼을 생각하니까 상대의 이런저런 외적인 결점들이 보입니다. '더 좋은 사람을 만날 수 있지 않을까' 망설이게 됩니다. 그러다가 하나님 나라와 영원히 멀어지는 선택을 할 수 있어요.

결혼을 결단할 때 고려해야 할 것은 상대의 조건이나 용모도, 습관도 아닙니다. '하나님의 뜻은 무엇인가?' 이것이 가장 중요합니다. 하나님께 물어보아야 합니다. 그런데 물건을 고르듯 자꾸 이 사람, 저 사람과 비교하기에 결혼 준비가 시작부터 불행한 것입니다.

| 모든 과정이 합리적이어야 한다

52 아브라함의 종이 그들의 말을 듣고 땅에 엎드려 여호와께 절하고
53 은금 패물과 의복을 꺼내어 리브가에게 주고 그의 오라버니와 어

머니에게도 보물을 주니라_창 24:52~53

리브가의 가족이 결혼에 동의하자 엘리에셀이 준비한 예물을 전합니다. 리브가에게 준 것은 결혼 예물이고 가족에게 준 것은 신부 대금입니다. '사랑으로 맺어진 결혼에 왜 신부 대금을 지불하는가?' 의아한 분도 있겠지만, 이것은 당시 관습이었습니다. 그러니까 엘리에셀은 사회 관습을 따라 예의와 도리를 다한 것이에요. 이처럼 하나님의 목적을 이루는 일은 과정도 중요합니다.

지나치게 율법적인 사람은 현실적인 문제를 늘 간과합니다. 돈을 너무 좋아해서 눈살을 찌푸리게 하는 사람이 있는가 하면, 돈 얘기만 꺼내면 절레절레 머리를 흔들며 속물 취급하는 사람도 있습니다. 결혼은 믿음으로 하는 것, 맞지요. 그러나 현실적인 결혼 비용과 여건도 준비하는 것이 올바른 믿음의 태도입니다.

우리가 결혼을 결단하려면 서로 재물관이 뚜렷해야 해요. 영적인 면에만 치우친 사람은 "믿음만 있으면 됐지, 다른 것이 무엇이 필요해!" 하면서 다른 사람의 행복을 쉽게 파괴합니다. 아무리 하나님의 뜻대로 하는 결혼이라도 무례하거나 무질서해서는 안 됩니다. 내가 할 일을 하면서 기도하고 결단해야 해요.

| 구원을 위해 지체하지 않아야 한다

54 이에 그들 곧 종과 동행자들이 먹고 마시고 유숙하고 아침에 일

어나서 그가 이르되 나를 보내어 내 주인에게로 돌아가게 하소서 55 리브가의 오라버니와 그의 어머니가 이르되 이 아이로 하여금 며칠 또는 열흘을 우리와 함께 머물게 하라 그 후에 그가 갈 것이니라 56 그 사람이 그들에게 이르되 나를 만류하지 마소서 여호와께서 내게 형통한 길을 주셨으니 나를 보내어 내 주인에게로 돌아가게 하소서 57 그들이 이르되 우리가 소녀를 불러 그에게 물으리라 하고 58 리브가를 불러 그에게 이르되 네가 이 사람과 함께 가려느냐 그가 대답하되 가겠나이다 _창 24:54~58

하나님의 뜻을 깨닫기까지는 끊임없이 고민하고 갈등해야 합니다. 그러나 결단했다면 지체하지 말고 순종해야 합니다.

리브가의 가족으로부터 결혼 허락을 받았으니 이제 엘리에셀도 마음 놓고 쉴 만합니다. 그러나 그 이튿날 그는 곧장 떠날 채비를 합니다. 더 이상 지체하지 않겠다는 뜻입니다.

왜 지체해선 안 될까요? 영적 계보를 잇는 결혼이 성사된 이 중요한 시점에 지체하면 유혹받고, 시험에 들고, 다른 길로 갈 수 있기 때문이에요.

이삭의 신붓감을 구하고자 떠나온 엘리에셀의 여정을 한번 생각해 보자고요. 당시 지리적 거리와 이동 경로를 고려할 때 엘리에셀이 아브라함 집에서 출발하여 리브가가 사는 하란에 이르기까지 그 기간을 약 30일로 추정합니다. 30일 동안 여행하여 하루 만에 결혼 허락을 받고, 이제 30일을 걸어 다시 돌아가야 합니다. 편한 길도 아니었습니다. 그러나 영적 후사를 찾았으니 이제 하루가 급합니다. 지체하지 말아야 합니다.

자신이 하란에 온 까닭을 진술하기 전까지 먹지도 않겠다고 했던 엘리에셀입니다. 그런데 모든 일이 응답된 후에도 그는 지체하지 않습니다. 우리도 이처럼 사명에 투철해야 합니다. 결혼도 사명입니다. 우리 인생도 사명입니다.

리브가도 그래요. 결국 선택은 본인의 몫이기에 가족들은 리브가에게 선택권을 줍니다. 이에 리브가는 결단하고 "가겠나이다" 합니다. 생면부지의 남과 함께 30일 걸리는 길을 간다는 것은 어려운 결단입니다. 죽을지도 모르는 길입니다. 리브가가 엘리에셀과 한마음이 되었어요. 믿음의 여인이라면 어떤 것보다 믿는 지체와의 만남이 가장 즐겁지 않겠습니까? 그러므로 힘든 여행일 줄 알면서도 단번에 "예" 한 겁니다.

| 구원을 위해 양보해야 한다

앞서 55, 56절을 보면, 엘리에셀이 급히 떠날 준비를 하자 그녀의 가족이 리브가와 열흘만 머물게 해 달라며 간청합니다. 그러나 엘리에셀은 "나를 만류하지 말라"며 거절하죠.

'아니, 이제 리브가와 영영 헤어져야 하는데 열흘 말미도 못 줘?' 하는 분도 있을 것이에요. 그러나 결혼을 결단할 때 이 '열흘'이 참 중요하다는 생각이 듭니다. 대단한 문제 때문에 결혼이 깨지는 것이 아니에요. 예식 날짜, 예단, 혼수, 주례 등 정말 아무것도 아닌 것으로 깨집니다. "우리 집을 무시했네, 어쨌네" 하면서 열흘 때문에 결혼이 깨집니다. 그러므로 사소한 것부터 말씀대로 적용하면서 결혼을 준비해야 합니다.

예를 들어, 남자의 집안이 부유하다고 으리으리하게 예물을 준비한다면 여자 집안은 부담스럽지 않겠어요? '왜 결혼 전부터 으스대지?'라고 생각할 수도 있지요. '상대가 뭘 더 해 줄까' 기대하는 것도 어리석고, 반대로 "우리 집이 부자니까 다 준비하겠다" 하는 것도 잘못된 일입니다. 서로 자존심이 다치지 않도록 양보하고 배려해야 해요. 구원과 상관없는 일, 본질이 아닌 일은 양보해야 합니다.

엘리에셀은 라반이 돈을 좋아하는 걸 알고 아낌없이 재물을 내주었습니다. 그리고 라반은 열흘의 시간을 양보했습니다. 결혼은 이처럼 서로 합리적이어야 합니다. 때로는 관습도 따라야 합니다. 서로의 눈높이로 내려가야 합니다. 중요한 것은 오직 '리브가'입니다. 영적 후사가 중요합니다. 리브가만 데려오면 됩니다. 구원을 위해서라면 어떤 것도 양보할 수 있어야 합니다.

거룩한 결혼을 위해 남겨 둘 것이 있다

유리 자매는 교회에서 만난 형제와 나름 믿음의 교제를 하면서도 혼전 순결 지키는 것이 너무 괴로웠다고 합니다. 음란의 유혹이 밀

려들 때마다 자매는 곤혹스러웠습니다. 어떤 때는 편의점 앞에서 남자 친구에게 "당장 콘돔을 사 오라"고 두 시간 넘도록 시위하기도 했답니다. 급기야 '결혼을 빨리 할까?' 하는 생각도 했습니다.

그러다 고린도전서 7장 말씀으로 큐티를 하는데 "음행을 피하기 위하여 남자마다 자기 아내를 두고 여자마다 자기 남편을 두라……만일 절제할 수 없거든 결혼하라 정욕이 불같이 타는 것보다 결혼하는 것이 나으니라"(고전 7:2, 9)는 말씀이 나팔 소리처럼 들렸답니다.

하나님께서 이 말씀을 주신 이유가 무엇일까요? 굉장히 차원 높은 사랑을 해서 결혼하라는 것이 아닙니다. 음행 앞에서 우리가 너무 연약하니까 결혼하라는 것입니다. 자매는 이처럼 음욕에 흔들리는 자신을 보며 비로소 자신이 100% 죄인임이 인정되었습니다. 그러나 하나님이 말씀으로 보호하고 인도해 주심으로 결혼 전까지 순결을 잘 지킬 수 있었답니다.

앞서 성은 육체적인 것만 아니라 영적인 요소를 가지고 있다고 했어요. 두 몸과 영혼이 하나가 되는 것이 성관계이고, 이는 오직 결혼 관계 안에서만 허락된 것이라고 했습니다. 즉, 성의 기쁨은 하나님께서 오직 부부에게만 주신 선물입니다.

처녀, 총각이 하는 결혼 전 성관계는 관계를 파괴시킵니다. 그러나 결혼 후의 성관계는 관계를 아름답게 해 줍니다. 결혼 전인가 후인가, 이 '때'가 너무 중요합니다.

그런데 많은 이들이 '성'을 너무 가볍게 여깁니다. 성을 자기 것으로 여기고 쾌락을 위해 마구 사용합니다. 쾌락만 갈구하는 성은 이기적이고 하나님의 창조 목적에 어긋납니다(고전 6:18~19). 결혼 전에 성관계를 가지면 그 순간부터 영적인 것은 떠나 버리고 육적인 것만 남게 됩니다. 더 이상 상대방에게 흥미를 느끼지 못합니다. 왜냐하면 다 알아 버렸기 때문입니다. 다 알아 버리면 열정이 식습니다. 끝까지 가지 않고 남겨 두는 것이 있어야 설렘도 있습니다. 남겨 두었기에 훨씬 깊은 사랑을 하게 되고, 그 교제가 끝난다 해도 훗날 아름다운 추억이 될 것입니다. 육적으로 가지 않는 것, 끝을 남겨 두는 것, 이것이 진정 상대방을 존귀하게 하고 사랑하는 것입니다.

　물론 그래요. 젊은 날에 성욕을 참는 것은 형극의 길이고 십자가 길입니다. 얼마나 고난인지 모릅니다. 그러나 그것을 참을 수 있는 사람은 무슨 일이든 할 수 있습니다. 그런 사람이야말로 결혼할 자격이 있습니다. 결혼 전에 관계를 허락하면 결혼하고 나서 서로를 무시하게 됩니다. 스스로를 지키지 못했기 때문에 서로가 서로를 무시하게 되는 것입니다.

　특별히 결혼을 앞두고 가장 무너지기 쉽고, 타협하고 싶은 것이 바로 혼전 순결입니다. '곧 결혼할 사이인데 뭐 어때······' 하며 합리화하기 쉽죠. 그러나 항상 하나님의 법이 중요하잖아요. 하나님께서 혼전 순결을 지키라고 하셨으니 반드시 지켜야 하고, '끝까지' 지켜야 합니다. 그러기 위해 스킨십도 절제해야 해요. 스킨십을 하면 그다음 단계로 나가기가 쉬워집니다. 만날 때도 으슥한 곳은 피해야 합니다. 낮에도 사람이 많은 장소에서 만나 빛의 교제를 나누는 게 좋습니다. 환경이 주어지는데 거절하기는 너무 어렵기 때문에 아예 빌미를 만들지 말아야 합니다.

성관계를 거절했다고 해서 '나를 사랑하는 것이 맞나' 따지는 사람이라면 그 사람은 떠나게 내버려 두어야 합니다. 이는 정욕을 사랑으로 착각하는 것이고 그런 사람은 관계를 가진 후에 사랑이 식을 수밖에 없습니다. 인격은 사람과의 관계에서, 영성은 하나님과의 관계에서 드러납니다. 어디까지 참을 수 있는가, 언제까지 참아 내는가가 인격이고 영성입니다. 이것이 혼전 성관계에도 그대로 적용됩니다.

그러나 제가 날마다 이런 얘기를 부르짖어도 우리들교회에서도 혼전 순결을 지키지 못했다는 고백이 쏟아집니다. 혼전 임신을 하는 사례도 있어요. 이미 유혹에 넘어진 커플이 있다면 하나님 앞에 회개하고 이제부터 지키면 됩니다. 또한 혼전에 관계를 갖고 임신했다면 아이는 낳아야 합니다. 생명으로 주신 아이이기에 반드시 낳아야 해요. 하지만 두 사람의 영적·육적 상황에 따라 결혼은 별개의 문제입니다.

내가 정말 한 사람의 돕는 배필이라면, 결혼 전까지 순결을 지켜 주어야 합니다. 인내 없이는 사랑할 수 없는데 그것도 인내하지 못하면서 무슨 사랑을 하겠습니까?

거룩한 결혼 준비 실전 I : 야곱의 훈련

창세기 28장 1, 2절에 보면 이삭은 아들 야곱에게 "네 외조부 브두엘의 아들 라반의 딸 중에서 아내를 맞이하라" 당부합니다. 이유가 무엇인가요? 라반이 이삭과 같은 '내 고향, 내 족속'이기 때문입니다. 아브라함도 아들 이삭의 아내를 택할 때 "가나안 족속의 딸 중에서 택하지 말고 내 고향 내 족속에게로 가서 택하라"고 당부했죠(창 24:3~4). 이처럼 하나님은 우리가 이방 족속과 불신결혼하는 것을 원하지 않으세요.

하지만 라반은 그다지 믿음이 좋은 사람이 아니었습니다. 이후에 이어지는 이야기를 보면 야곱을 속이고, 약속을 밥 먹듯 어겼습니다. 그런데도 왜 이삭은 야곱에게 '라반의 딸 중에서 아내를 맞이하라'고 했을까요? 이는 곧 야곱을 못된 라반 아래에 두고 혹독하게 훈련하셔서 믿음의 아내를 얻게 하고, 믿음의 후손으로 성장시키시려는 하나님의 계획이었습니다. 그렇다면 야곱은 과연 믿음의 아내를 맞이하기 위해 어떤 훈련을 받았을까요?

| 하나님과 이웃의 마음을 얻습니다

16 라반에게 두 딸이 있으니 언니의 이름은 레아요 아우의 이름은 라헬이라 17 레아는 시력이 약하고 라헬은 곱고 아리따우니

_창 29:16~17

이삭이 야곱에게 "라반의 딸 중에서 아내를 맞이하라" 했습니다. 그런데 라반의 집으로 가서 보니 아주 곤란한 일이 생깁니다. 그에게 딸이 둘이나 있는 것입니다.

언니 레아의 이름에는 '암소'라는 뜻 외에 '지치도록 일하다', '애쓰다'라는 의미가 있습니다. 동생 라헬의 이름은 '암양'이라는 뜻입니다. 암소와 암양. 이름으로만 보아도 누가 더 예쁜지 알겠죠?

더구나 레아는 시력이 약했습니다. 이는 '눈에 총기가 없다', '눈이 흐리멍덩하다'라는 뜻입니다. 레아는 시력이 약하니까 늘 눈을 찡그리고 보았을 겁니다. 이런 모습이 매력적일 리는 없죠. 외모로는 낙제점입니다. 반면에 라헬은 곱고 아리따웠습니다. 원본 성경은 '얼굴에서 광채가 나고 몸매가 아름답다'라고 더욱 구체적으로 묘사합니다. 그만큼 라헬의 용모가 빼어났다는 말입니다.

그중에서 한 사람을 택해야 하는데 야곱은 예쁜 라헬에게 압도적으로 필feel이 꽂힙니다. 하나님의 뜻은 레아에게 있었지만, 야곱은 "라헬을 더 사랑하므로" 외삼촌 라반에게 7년을 섬기겠다고 다짐합니다. 더욱이 품삯을 정하라는 라반에게 보수를 요구하지도 않습니다. 라헬을 사랑하니까, 라헬 자체가 품삯이니까 따로 보수가 필요 없는 겁니다.

야곱은 사소한 일에서부터 라헬의 필요를 채워 주면서 신뢰를 쌓았습니다. 나아가 그는 라반의 집에서 머문 한 달 동안 열심히, 묵묵히 섬기면서 라반을 설득했습니다. 점점 라반에게 필요한 사람이 되었습니다. 당시 하란 지방에는 언니보다 동생을 먼저 시집보내지 않는 풍속이 있었습니다(창 29:26). 그런데도 라반은 동생을 달라는 야곱의 요청에 단번에 "OK!" 했습니다. 야곱이 얼마나 마음에 들었으면 그랬겠습니까.

우리도 그래요. 돕는 배필을 얻으려면 하나님과 이웃의 마음을 얻기에 힘써야 합니다. 하나님을 사랑하고, 이웃을 사랑하고, 모든 이에게 마음을 얻어야 내가 사랑하는 그 한 사람의 마음도 얻을 수 있습니다. 모두에게 신뢰받는 사람은 연애도 잘합니다. 반면에 자기밖에 모르는 사람은 내 돈과 시간이 아까워서 도무지 섬기지 못합니다. 그러니 연애도 못 합니다.

| 사랑하는 까닭에 7년도 며칠같이 섬깁니다

18 야곱이 라헬을 더 사랑하므로 대답하되 내가 외삼촌의 작은 딸 라헬을 위하여 외삼촌에게 칠 년을 섬기리이다…… 20 야곱이 라헬을 위하여 칠 년 동안 라반을 섬겼으나 그를 사랑하는 까닭에 칠 년을 며칠 같이 여겼더라 _창 29:18, 20

7년은 결코 짧은 시간이 아닙니다. 그런데 야곱이 7년을 며칠같이 여기며 라반을 섬겼습니다. 어떤 고난도 역경도 견뎌 냈습니다. 부귀를 얻는 것도 포기했습니다. 어떻게 그럴 수 있었습니까? 오직 "사랑하는 까닭에" 아무것도 필요하지 않았습니다.

그런데 우리는 야곱의 이 절절한 사랑을 다른 측면에서 바라볼 필요가 있습니다.

'사랑의 유통기한이 길어야 2년 6개월'이라는 한 연구 결과를 보았습니다. 아무리 뜨거운 관계라도 2년 6개월이면 사랑의 호르몬이 사라지기 시작한답니다. 그런데 야곱은 라헬을 사랑하여 무려 7년을, 그것도 시간 가는 줄 모르고 섬깁니다. 그러니 약간 아픈 사람 아닙니까? 과학적으로 입증된 데이터를 넘어서는, 집착이 매우 강한 사람입니다. 라헬 외에는 아무것도 필요 없다고 합니다.

주님보다 라헬을 더 사랑한 야곱입니다. 그래서 그 인생이 슬픕니다. 라헬을 포기하지 못해서 야곱은 험난한 나그넷길 훈련을 받아야 했습니다.

또 한편으로는 이런 생각도 듭니다. 7년을 인내하며 라반을 섬긴 이유가 라헬을 사랑하는 까닭이지만 실은 돌아갈 곳이 없었기 때문은 아닐까요? 형을 속이고 장자권을 탈취하여 도망쳐 온 야곱입니다. 다른 길이 없는 환경에서 그는 저절로 겸손해졌을 것입니다.

우리의 결혼생활도 그렇습니다. 야곱처럼 돌아갈 곳 없어서, 어쩔 수 없이 결혼생활을 유지하는 사람이 얼마나 많습니까. 하지만 그것이 축복입니다. 결혼했으면 돌아갈 곳이 없다는 걸 아십시오. 다른 길은 없는 걸 알고 하나님이 허락하신 자리에 잘 묶여 있는 것이 내게 가장 좋은 길입니다.

어쩔 수 없어서 라반을 열심히 섬겼지만, 그 때문에 레아도 라헬도 야곱을 사랑합니다. 아무나 연애하는 게 아닙니다. 사람의 마음을 얻지 못하는 사람은 연애도 못 합니다. 하나님을 만났기에 야곱은 상대의 마음을 얻는 사랑을 했습니다.

하나님을 사랑하지 않는 사람은 사랑이 무엇인지조차 모릅니다. 그저 육체에서 시작해 육체로 끝나는 사랑만 합니다. 하지만 이기적인 사람도 사랑을 시작하면 상대를 위하게 됩니다. '사랑하는 까닭에' 상대를 위해 희생하려는 마음도 가지게 됩니다. 이 또한 축복입니다.

그래서 저는 청년들이 꼭 연애해 보기를 권합니다. 특별히 우리들교회 청년들에게는 '청년부 안에서' 연애하라고 권장합니다. 교회 공동체 안에서 짝을 찾되 행여 연애하다가 헤어지면 다른 형제와 자매를 만나 보라고도 합니다. 그 대신 담당 사역자와 목자에게 알린 뒤 교제를 시작하고, 반드시 혼전 순결을 지키라고 당부합니다. 공동체에 알리고 만남을 시작하면 함부로 교제할 수 없잖아요. 저는 우리 청년들이 건강한 통로를 통해 교제하기를 바랍니다.

| 속임도 당합니다

야곱이 아침에 보니 레아라 라반에게 이르되 외삼촌이 어찌하여 내게 이같이 행하셨나이까 내가 라헬을 위하여 외삼촌을 섬기지 아니하였나이까 외삼촌이 나를 속이심은 어찌됨이니이까_창 29:25

야곱은 예쁜 외모를 보고 라헬을 선택합니다. 그리고 라헬을 사랑하는 까닭에 품삯도 마다하고 7년을 며칠같이 여기며 섬깁니다. 7년이 지나도 라헬밖에 모릅니다. 그러나 인간의 사랑은 감정적입니다. 한계가 있습니다.

그런데도 우리는 외모가 전부인 줄 알지요. 그래서 "예쁜 아내를, 멋있고 돈 많은 남편을 달라!" 부르짖습니다. 하지만 내가 좋아하는 것을 하나님도 좋아하시는 건 아닙니다. 하나님은 이걸 알려주시기 위해 야곱을 손보십니다. 허물투성이에다 죄로 뒤엉킨 야곱을 경영해 가시고자 그에게 시련을 허락하십니다. 어떤 시련입니까?

7년을 기다렸던 야곱은 드디어 아내를 얻습니다. 그런데 아침에 보니 이게 웬일입니까!

"레아라!!" 속임수의 달인인 야곱이 두 눈 뻔히 뜨고 코 베임을 당한 겁니다. 야곱이 어찌나 화가 났는지 '외삼촌'을 세 번이나 부르면서 항의합니다.

그런데 생각해 보세요. 아무리 신방이 어둡다고 해도 그렇죠. 아내와 첫날밤을 치르며 레아인지 라헬인지도 구분 못 하는 야곱이 우습지 않습니까? 라헬과 7년을 연애했는데 못 알아보는 게 말이나 됩니까? 컴컴한 밤이라도 그렇지요. 사랑하는 사람이라면 숨결로도, 목소리만으로도 알아볼 텐데, 야곱이 어찌 이리 감쪽같이 속아 넘어간 걸까요?

아마 야곱이 과거에 이삭 앞에서 에서처럼 보이려고 염소 털로 위장했듯이 레아도 라헬처럼 꾸미지 않았을까요? 라헬의 옷으로 갈아입고 음성도 변조했을 겁니다. 라헬의 목소리를 흉내 내며 "오빠~" 했겠지요. 또 최대한 말을 아꼈을 겁니다. 그런데 이삭은 그나마 야곱의 목소리를 알아챘는데(창 27:22) 야곱은 전혀 눈치를 못 챘나 봅니다. '뛰는 놈 위에 나는 놈이 있다'라고 했습니다. 속임수의 달인이 속임을 당했습니다. 아버지 이삭보다도 더 철저히 속았습니다.

하지만 야곱이 어떤 인물인가요? "어떻게 외삼촌이 내게 그럴 수 있어요!" 하면서 따집니다. 자기는 아버지와 형을 속이지 않았습니까? 부모 형제를 속이는 것과 조카를 속이는 건 죄질이 다릅니다. 매일 살을 부대끼는 아버지, 형도 속여 먹는데 조카를 속이는 것쯤이야 손바닥 뒤집기 아닙니까?

이뿐만 아니라 야곱은 그저 곱고 아리따운 라헬과의 결혼에만 꽂혀서 '언니보다 아우를 먼저 시집보내지 않는' 라반의 지방 풍속을 미처 살피지 못했습니다. 7년이나 연애하면서 이것저것 따져 본 게 없습니다.

연애하기에 급해서 물불을 안 가리는 우리가 딱 그렇지 않나요? 그랬다가 실체가 드러나면 "속았다"라고 하죠. 그래서 "네가 어떻게 나를 속일 수 있어? 내가 그렇게 잘해 줬는데!" 하는 게 우리의 주제입니다. 내가 입힌 상처는 생각하지 않고 내가 입은 상처만 주장합니다. 내가 끼친 피해는 나 몰라라 하면서 내가 입은 피해는 티끌까지도 셉니다. 내가 끼친 피해는 '그럴 수도 있지'라고 여깁니다. 너나 할 것 없이 육체적인 것에 기초를 두고 연애하니 그렇습니다.

하지만 하나님은 그런 마음의 욕구가 사랑인 줄 착각할까 봐 우리로 하여금 속임을 당하게 하십니다. 남자에게 속고, 여자에게 속고, 돈에 속고…… 이것저것에 다 속게 하십니다. 특별히 요즘에는 상대의 채무를 뒤늦게 알고서 "속았다" 하는 경우가 많은 것 같습니다. 그러므로 결혼 후에 끙끙대지 말고 반드시 사전에 채무 문제도 살펴야 합니다.

사람은 믿음의 대상이 아닙니다. 뭐든지 확실히 해야 하고 원칙대로, 법칙대로 해야 합니다. 불편해도 모든 원칙을 지켜야 합니다. 그리고 속았다면 먼저 나를 돌아보십시오. 내가 속아서 억울하고 분할 때, 나 역시 남에게 똑같이 했다는 걸 깨닫는다면 그보다 좋은 응답은 없습니다.

| 자기 뜻을 버리지 못해 7년을 더 수고합니다

야곱이 또한 라헬에게로 들어갔고 그가 레아보다 라헬을 더 사랑하여 다시 칠 년 동안 라반을 섬겼더라 _창 29:30

라반에게 호되게 당하고도 야곱은 여전히 라헬밖에 모릅니다. 인간적인 집착에서 도무지 벗어나지 못합니다. 그래서 끝내 야곱은 자기 뜻을 버리지 못하고 7년을 더 일합니다.

레아의 계보에서 예수 그리스도가 나셨기에 야곱이 진정 사랑해야 할 대상은 레아입니다. 그런데도 야곱은 그 적용을 거꾸로 합니다. 행여 라헬을 포기하라고 할까 봐 하나님께 묻지도 않습니다. 그러나 하나님이 정하신 일부일처제를 따라 야곱은 레아를 얻은 걸로 만족했어야 했습니다. "라헬을 얻고자 하는 것이 하나님 뜻이 아니구나" 깨닫고 순종했어야 합니다.

하지만 라헬을 향한 야곱의 사랑은 끝이 없습니다. 결국 그는 라헬을 두 번째 아내로 맞이합니다. 그 삶의 결론이 무엇입니까? 라헬은 결국 그의 인생 걸음걸음마다 족쇄가 됩니다. 이후 야곱의 집안에

험악한 사건들이 몰아쳐 오죠. 살인과 강간, 두 아내 사이에 치열한 암투…… 집안에 바람 잘 날이 하루도 없었습니다.

우리네 결혼도 이와 같다고 생각합니다. 다른 욕심 다 내려놓고 예수를 믿는 사람을 택하여 결혼해도 그 생활이 쉽지 않습니다. 믿음의 사람을 만나면 '불행 끝, 행복 시작'일 줄 알았는데 결혼 전에는 몰랐던 문제가 여기저기서 터집니다. 함께 성경에 손을 얹고 결혼한 부부가 한 달 만에 이혼하겠다면서 저를 찾아오기도 했습니다. 하지만 부부가 삐걱거리는 게 마냥 잘못은 아닙니다. 야곱처럼 우리도 더 거룩한 성도가 되라고 혹독한 결혼생활로 훈련하시는 것입니다.

그러므로 우리는 결혼의 목적을 행복에만 두고 돕는 배필을 찾으려 해선 안 됩니다. 아무리 열렬히 사랑해도 그렇습니다. 인간의 사랑은 변하게 되어 있습니다. 그래서 속임당하는 것이죠. 변치 않는 것은 오직 하나님 사랑밖에 없습니다. 이 변치 않는 사랑을 깨닫는 순간 돕는 배필을 만나는 은혜가 임할 줄 믿습니다.

또한 하나님은 만세 전부터 예정하신 뜻이 있어서 라반을 통해 야곱을 훈련받게 하셨습니다. 나의 돕는 배필을 찾느라 이 고생 저 고생 다 하지만 이왕이면 야곱처럼 구속사의 훈련을 받는 인생이 돼야 하지 않겠습니까?

거룩한 결혼 준비 실전 II : 룻의 선택

룻기는 구속사의 비밀을 보여 주는 책으로서 신학적으로도 매우 중요합니다. 여든다섯 절의 아름다운 시, 아름다운 러브 스토리이지만 예수님을 빼고 읽으면 그저 신데렐라 같은 사랑 이야기나 성공적인 재혼 이야기 정도밖에 안 됩니다.

이 세상에 예수님 없이 아름다운 이야기는 없습니다. 예수 그리스도의 생명을 이어 가는 기록이기에 룻기가 아름다운 것입니다.

더구나 룻은 이방 족속으로 비천한 신분이었습니다. 세상의 시선으로 보면 부모 복, 남편 복도 없을뿐더러 자식 복도 없는 여인이었습니다. 그런데도 룻은 그리스도의 계보를 잇는 여인으로 등장합니다. 극도로 비참한 상황 가운데서도 예수님의 계보를 이어 간 것입니다. 그렇다면 룻은 믿음의 결혼을 위해 어떤 선택을 했을까요?

| 생명의 길을 가는 선택

룻기는 유다 베들레헴에 살던 그 한 사람이 흉년이 오자 그의 아내와 두 아들을 데리고 모압 지방에 가서 거류하는 이야기로 시작됩니다(룻 1:1). 그런데 모압이 어떤 땅입니까? 창세기에 소개된 것처럼 모압은 아브라함의 조카인 롯이 자기 딸들과 동침해서 낳은 후손입니다. 그들은 '영원히 여호와의 총회에 들어오지 못하리라'(신 23:3)는 저주를 받은 족속입니다. 그러므로 이 이야기의 시작은 곧 "믿음의 땅

베들레헴에서 잘 살던 한 가정이 흉년이 오니까 예수와 전혀 상관없는 세상으로 떠났다"라는 것입니다.

그러자 이제 어떤 일이 일어나죠? 잘못된 선택 끝에 아내 나오미는 남편을 잃습니다. 이런 일을 당하면 얼른 베들레헴으로 돌아가서 하나님께서 남기신 아들을 영적으로 잘 양육하고 영적 계보를 잇게 해야 하는데, 나오미는 두 아들의 아내를 모압 여자 중에서 취합니다. "내가 여기까지 와서 얼마나 고생했는데, 너라도 내 한을 풀어다오" 하면서 아들들을 공부시키고, 출세시키려고 기를 쓴 것입니다. 하지만 나오미는 결국 두 아들 모두 잃습니다.

그런데 흉년을 피해 모압으로 갔다가 남편도 잃고 더 큰 고난으로 자식까지 잃고 나니 드디어 나오미에게 말씀이 들립니다. 예전에는 관심도 없던 "여호와께서 자기 백성을 돌보셨다"라는 소식을 듣게 된 것입니다. 하나님께서 택하신 사람은 그치지 않는 고난으로 결국은 말씀이 들리게 됩니다. 말씀이 들린다는 것은 회개를 의미하고, 회개는 U턴을 의미합니다.

8 나오미가 두 며느리에게 이르되 너희는 각기 너희 어머니의 집으로 돌아가라 너희가 죽은 자들과 나를 선대한 것 같이 여호와께서 너희를 선대하시기를 원하며…… 14 그들이 소리를 높여 다시 울더니 오르바는 그의 시어머니에게 입 맞추되 룻은 그를 붙좇았더라
_룻 1:8, 14

결국 나오미는 찬송과 말씀의 떡집인 베들레헴으로 돌아가기로 결단합니다. 흉년 가운데 선택을 잘못한 자기 죄를 보았기 때문입니다. 그리고 나오미는 "여호와께서 나를 치셨으니 내가 무슨 할 말이 있겠느냐" 하며 며느리들에게는 친정으로 돌아가라고 권합니다.

그런데 이 말을 듣고 생명의 선택을 하는 룻이 있고, 사망의 선택을 하는 오르바가 있습니다. 룻은 "어머니의 하나님이 나의 하나님이 되시리라"(룻 1:16) 고백하며 나오미를 붙좇는 최고의 선택을 했습니다. 그러므로 하나님은 믿음으로 충성하며 약속의 땅에 들어온 룻을 위해 보아스와의 만남을 준비해 두십니다. 오르바의 이름은 이후로 성경에서 완전히 사라지지만, 룻의 이름은 다윗과 예수 그리스도의 조상으로 영원히 남았습니다. 여호와의 총회에 들어오지 못하는 이방 모압의 여인이 예수님의 계보에 오른 것입니다.

한 여집사님은 친정 부모 뜻에 따라 마음에도 없는 결혼을 했습니다. 남편은 늘 일찍 출근하여 늦게 들어왔습니다. 이 집사님은 말 상대 하나 없이 혼자 집에 있으려니 마치 독도에 떨어진 것처럼 너무 외로웠답니다. 그런데 어느 날 남편이 허리가 아파서 한 달간 꼼짝없이 집에 누워만 있어야 하는 신세가 되었습니다. 보통 아내들 같으면 이런 결혼을 후회하지 않겠습니까? 하지만 이 집사님은 남편의 대소변을 받아 내는 것도 행복하고, 끼니때마다 남편의 밥을 손수 차려 줄 수 있어서 기뻤다고 합니다.

"저것이 나를 그렇게 외롭게 하더니 쌤통이다. 너도 실컷 아파 드러누워서 외로워 봐라! 이제 나는 자유다!" 이래야 할 텐데, 집사님

스스로 은혜의 길, 생명의 길을 선택한 것입니다. 이것이 생명의 선택입니다.

우리는 오직 믿음으로 구원을 얻습니다. 믿음은 나의 선택입니다. 누구 핑계 댈 것이 하나도 없습니다. 생명의 선택을 하는 것도, 사망의 선택을 하는 것도 나입니다. 항상 두렵고 떨림으로 생명의 선택을 하면 하나님이 모든 길을 인도해 주십니다. 룻에게 보아스와의 만남을 준비해 주셨듯이 돕는 배필도 붙여 주십니다. 사망의 길, 멸망의 길이 아니라 생명의 길, 은혜의 길을 가게 하십니다. 마침내 하나님 나라에 이르러 영광의 면류관을 얻게 하십니다.

| 믿음으로 분별하는 선택

룻기의 전체 주제는 '텅 빔'입니다. 나오미와 룻은 인간적으로는 불쌍한 과부들이었지만, 그 두 사람이 엄청난 영적 계보를 이었습니다. 인류 최고의 가문인 예수 그리스도의 가문을 이었으니 이보다 엄청난 일이 어디 있겠습니까. 일평생 갖은 흉년을 다 만났지만, 나오미는 룻 하나 건져 냈습니다. 룻도 믿음의 어머니 한 사람을 만났습니다.

나오미 인생에 최대의 축복은 남편도 아니고, 두 아들도 아니고, 영적인 동반자 룻을 만난 것입니다. 텅 빈 우리의 만남이 최고의 만남입니다. 하나님만을 바라는 사람끼리 만나서 천국을 누리는 천국 공동체가 최고입니다.

남녀의 만남도 그렇습니다. 믿음의 한 사람을 알아보고, 나의 믿음을 알아봐 줄 그 한 사람을 만나면 됩니다. "믿음이 이기네! 믿음이 이기네!" 믿음이 모든 것을 이깁니다. 믿음이 있어야 사람을 분별할 수 있습니다.

> 2 모압 여인 룻이 나오미에게 이르되 원하건대 내가 밭으로 가서 내가 누구에게 은혜를 입으면 그를 따라서 이삭을 줍겠나이다 하니 나오미가 그에게 이르되 내 딸아 갈지어다 하매 3 룻이 가서 베는 자를 따라 밭에서 이삭을 줍는데 우연히 엘리멜렉의 친족 보아스에게 속한 밭에 이르렀더라 _룻 2:2~3

하나님은 믿음을 가지고 죽음에 이르는 충성으로 떠나온 룻을 위해 보아스와의 만남을 준비해 두셨습니다.

당시 이스라엘 율법에 따르면, 남의 밭이라도 이삭을 줍는 것은 누구에게나 허용되었습니다. 추수할 곡식이 없는 가난한 자들을 위한 배려였습니다. 그런데도 룻은 나오미에게 '밭에 가서 이삭을 주워도 되는지'를 묻습니다.

> 5 보아스가 베는 자들을 거느린 사환에게 이르되 이는 누구의 소녀냐 하니 6 베는 자를 거느린 사환이 대답하여 이르되 이는 나오미와 함께 모압 지방에서 돌아온 모압 소녀인데 7 그의 말이 나로 베는 자를 따라 단 사이에서 이삭을 줍게 하소서 하였고 아침부터 와서는 잠시 집에서 쉰 외에 지금까지 계속하는 중이니이다 _룻 2:5~7

보아스의 밭에 가서도 자기 맘대로 하지 않습니다. '베는 자를 거느린 사환'을 먼저 찾아가서는 "베는 자를 따라 단 사이에서 이삭을 줍게 하소서" 하고 간청합니다. 믿음의 눈으로 사람을 분별하고 도움을 청한 것입니다.

그러자 이제 어떤 일이 일어납니까? 보아스에게 룻을 소개하는 사환의 말을 보면 사환이 룻의 태도에 얼마나 감동했는지 알 수 있습니다.

그러니 보아스가 룻을 얼마나 좋게 보았겠습니까? 그 사환이 룻과 보아스의 만남에 결정적인 역할을 한 것입니다. 유력한 보아스가 왜 결혼을 안 하고 있었겠습니까. 믿음의 여인 한 사람을 기다렸을 것입니다. 그리고 믿음으로 '아, 바로 이 여자다' 하고 룻을 분별했을 것입니다.

| 만남을 소중히 여기는 선택

부유한 사람에게는 이삭 줍는 일이 하찮게 보일 수 있습니다. 그러나 룻에게는 하찮은 일이 아니었습니다. 굶어 죽지 않기 위해 반드시 해야 할 일이었습니다. 남들이 하찮게 여길지언정 룻은 그 일을 소중히 여기며 최선을 다했습니다. 그랬더니 사환도 부지런히 이삭을 줍는 룻을 무시하지 않았습니다. 보아스도 사환의 보고를 그냥 넘기지 않았습니다.

밭에서 일하는 종이라도, 주인이 아니라 사환이라도 지금 내가 만나는 이 사람을 소중히 여기는 것, 이것이 룻의 운명을 바꿔 놓았습니다. 룻인들 나오미와의 만남이 마냥 좋았을까요? '내가 왜 이 떨거지 같은 시어머니를 죽을 때까지 모셔야 하나?' 하는 생각도 들지 않았겠습니까? 그러나 룻은 시어머니를 소중히 여겼습니다. 그렇기에 최고의 사람, 보아스를 만난 것입니다.

저는 제 며느리가 처음 인사를 왔을 때, "네가 우리 아들과 살아 줄 것을 생각하니 지금부터 미안하고 매우 고맙다"고 했습니다. 그 만남을 소중히 여겼습니다. 그렇지만 또 이런 말을 덧붙였습니다.

"결혼 전에 아니라고 생각하면 언제라도 그만두어라. 그만둘 기회는 결혼 전뿐이다. 결혼 후에는 다른 선택이 없다."

결혼의 목적이 행복이 아닌 거룩이기에, 결혼생활이 좁은 길이기에 "이 길이 힘들 것이다"라고 객관적으로 말을 해 주는 것이 배려이고 사랑입니다. 부모들이 해야 할 일이 그것이에요. "지금은 다 좋아 보여도 결혼하면 더 다투고 힘들 것"이라고 정확하게 말해 주고 나서 며느리나 사윗감에게 결혼의 선택을 맡겨야 합니다.

언젠가 한 집사님이 이런 간증을 했습니다.

해외 근무 중 한국에 있던 아들에게 결혼한다는 연락이 왔습니다. 며느리 될 사람이 S그룹의 과장이고, 아들과 유학도 같이했고, 얼굴도 괜찮고, 게다가 엄마가 권사라고 해서 "그럼 빨리 결혼하라"고 했습니다. 그런데 결혼한 직후부터 전쟁이 시작됐습니다. 권사님 딸인 며느리가 "십일조는 왜 하냐?", "강남에서 살아야 한다!", "집 살 때 빌린 부모 돈을 왜 갚냐?" 하며 갖은 불만을 토로했습니다. 결국 이런 걸 빌미로 손주가 돌도 안 되었을 때 며느리가 이혼 소송을 걸었습니다. 이렇게 어이없는 고난으로 아들은 우리들교회에 오게 되었고, 가정을 지키기 위해 참으로 많은 애를 썼습니다. 하지만 결국 대법원 3심에서 '가치관의 차이'를 이유로 이혼당하고 말았습니다.

믿음으로 배필을 구별하지 않고, 결혼의 목적을 행복에만 둔 삶의 결론입니다. 하지만 이 집사님의 아들은 고난을 당한 후 사망의 길을 가지 않고 생명의 길을 택했습니다. 특히나 제가 설교 중에 아들이 '당한' 대법원 판결문을 읽으며 가치관의 차이를 이유로 이혼 판결한 사법부에 대해 눈물로 기도했는데, 그 모습에 감동하여 큰 힘을 얻었답니다. 그렇게 예배와 목장에 잘 붙어 가더니 그 아들에게 새로운 만남이 시작되었습니다.

그런데 교제한 지 얼마 지나지 않아 아들이 재혼하겠다고 해서 집사님은 예비 며느리를 만나 이렇게 물어보았습니다.

"너는 초혼인데, 누가 봐도 애 딸린 우리 아들하고 결혼할 이유가 하나도 없잖니? 그런데 왜 이런 선택을 하니?"

그랬더니 이 예비 며느리가 이렇게 말했습니다.

"같은 직장에서 4년간 아드님을 보아 왔는데 한결같이 이타적이더군요. 기회가 될 때마다 주변에 복음을 전하고요. 죽을 뻔한 저도 아드님이 전해 준 구속사 복음을 듣고 살아났어요."

게다가 이 예비 며느리는 아들과 결혼하기 전에 우리들교회에 등록하고 모든 양육을 다 받았습니다. 청년부 목자로, 주보팀으로 섬기며 주의 일에 헌신했습니다.

결혼예배를 앞두고는 상견례를 하는데 장소를 집 앞 작은 음식점으로 정하더랍니다. 이유를 물었더니 "아버님, 어머님 편히 걸어오시라고 이곳으로 정했어요" 했습니다. 그리고 상견례를 마치고 집에서 차 한잔하는데 그야말로 목장예배 같았답니다. 예비 시아버지는 기타를 치고, 예비 사돈들도 같이 찬양하고…… 이후 아들은 처가 식구 모두를 우리들교회로 전도했습니다. 결혼식 답례 선물로는《큐티인》을 몇백 권 준비했습니다.

집사님은 아들의 결혼예배 때 하객들 앞에서 이런 회개의 간증을 했습니다.

일찍 구속사 말씀을 들었더라면 자녀들의 눈높이가 되어 구원을 위한 적용을 했을 텐데 가족신화에 사로잡혀 아들의 결혼을 밀어붙이다 결국 이혼당하게 한 것을 회개합니다. 느헤미야의 심정으로 '불신결혼은 안 된다'고 외쳐 주는 공동체, 함께 다윗의 길을 가는 공동체에서 저희 가정이 살아났으니 저도 지체들을 섬기다 천국 가기를 원합니다. 사망의 길을 따르며 제자리걸음만 하다가 끝나 버릴 인생에서 돌이키게 해 주신 하나님, 감사합니다.

지금 나의 만남이 이럴 수 있습니다. 마음에 들 수도 있고, 안 들 수도 있습니다. 남자와 여자가 만나 부부로 살아도 그렇지요. 100%

만족하는 사람이 어디에 있겠습니까? 하나님께서 세우신 교회이지 만 목사와 성도의 만남이라고 100% 마음에 들겠습니까?

그럼에도 악한 목적으로 만난 것이 아니라면 나를 양보하고 희 생해서 그 만남을 지속해야 합니다. 상대의 신분과 처지에 따라서 주 눅이 들거나 차별해서도 안 됩니다. 내 태도에 따라서 내가 지금 만나 는 사람이 은인이 될 수도 있고, 원수가 될 수도 있습니다.

| 즉시 순종하는 선택

1 룻의 시어머니 나오미가 그에게 이르되 내 딸아 내가 너를 위하여 안식할 곳을 구하여 너를 복되게 하여야 하지 않겠느냐 2 네가 함께 하던 하녀들을 둔 보아스는 우리의 친족이 아니냐 보라 그가 오늘 밤에 타작 마당에서 보리를 까불리라 3 그런즉 너는 목욕하고 기름 을 바르고 의복을 입고 타작 마당에 내려가서 그 사람이 먹고 마시 기를 다 하기까지는 그에게 보이지 말고 4 그가 누울 때에 너는 그가 눕는 곳을 알았다가 들어가서 그의 발치 이불을 들고 거기 누우라 그가 네 할 일을 네게 알게 하리라 하니 5 룻이 시어머니에게 이르되 어머니의 말씀대로 내가 다 행하리이다 하니라 _룻 3:1~5

룻은 모압 여인입니다. 이방인이니 믿음의 유다 사람과 결혼할 자격이 안 되었습니다. 그런데 어느 날 갑자기 시어머니 나오미가 집 안의 대를 잇고자 룻에게 보아스의 발치 이불을 들고 거기 누우라고

명합니다. 룻으로서는 시어머니의 말이 충격적일 수 있습니다. 자칫
했다간 보아스로부터 "어디 감히 모압 여자가……"라는 힐난만 받고
쫓겨날 수도 있지요.

하지만 룻은 군말 없이 '어머니의 말씀대로 내가 다 행하겠다'고
합니다. 시어머니 나오미의 모든 권면에 한마디 변명도 없이 순종합
니다. 여자의 몸으로 남자의 발치 이불을 들고 들어가 누워야 하는 수
치스러움에도 불구하고 말이죠. 왜냐하면 시어머니의 하나님을 룻
자신의 하나님으로 믿었기 때문입니다. 시어머니가 자신을 사랑하기
에 이런 권면을 하리라고 신뢰했기에 그대로 따랐을 것입니다.

결혼을 위한 우리의 만남도 그렇습니다. "나는 가진 것이 없습니
다", "배운 것이 없습니다", "우리 집은 상처가 많아요", "주님을 믿고
살아가지만, 가진 것 없는 나 때문에 당신이 고생할 것을 생각하면 가
슴이 아픕니다." 이렇게 내 부족함부터 고백하는 것이 믿음의 만남입
니다.

"내가 교회 다니면 됐지, 당신을 이만큼 사랑하면 됐지, 돈이 없
으면 어떠냐! 무조건 같이 가자!" 이것은 믿음으로 동행하는 것이 아
닙니다. 집착입니다. 이런 출발은 신결혼이라 한들 삐걱거리게 되어
있습니다. 한 집사님이 이런 간증을 했습니다.

저희 부부는 우리들교회 청년부에서 함께 양육을 받던 중에 만났습니
다. 서로의 믿음 하나 보고 신교제하고 신결혼했습니다. 그러나 신혼
초부터 그 믿음은 어디론가 사라지고 말았습니다. 저는 저대로 아내

를 사랑하지 못하고, 아내는 아내대로 순종하지 않으니 저희 부부는 정말 매일같이 치열하게 싸웠습니다.

지금은 뭣 땜에 싸웠는지 생각도 안 나지만, 언젠가는 밤새 서로 소리를 지르며 싸운 적이 있습니다. 갑자기 '이 여자와는 더 이상 살고 싶지 않다'는 생각이 들었습니다. 그래서 한밤중에 아내의 머리채를 잡고 현관으로 끌고 가서는 당장 친정으로 보내 버리려고 주무시던 장모님께 전화를 했습니다. 그러고는 "아내랑 더 이상 못 살겠으니 당장 반납하러 처가로 가겠다"고 했습니다.

한번은 차 안에서 싸우다 소리 지르는 아내가 싫어서 고속도로 갓길에 차를 세우고는 아내를 밖으로 내동댕이치기도 했습니다.

또 출산이 임박한 아내가 "너무 아파서 힘들다" 하며 병원으로 전화해서 유도분만을 신청했을 때입니다. 저는 이런 일을 혼자서 결정하는 아내가 못마땅했습니다. 그러자 아내는 "내가 애 낳는 것도 너의 눈치를 봐야 하냐?" 하면서 서럽게 울기 시작했습니다. 병원으로 가는 차 안에서도 울음을 그치지 않기에 끝내 저도 혈기를 터뜨리고 말았습니다. "출산은 무슨 출산이냐, 집에나 가자" 하며 고속도로를 달리다 급브레이크를 밟았습니다…….

배가 불러서 안전벨트도 하지 않았던 아내가 얼마나 놀랐겠습니까? 그럼에도 이 집사님은 혈기를 다스리지 못하고 씩씩댔습니다. 병원에 도착해서 비명을 지르며 아이를 낳는 아내를 보며 그제야 정신이 들었답니다. 비로소 '나만 옳고 너는 틀렸다' 하며 살아온 자기 죄가 보였답니다.

우리가 아무리 믿음으로 동행해도 그렇습니다. 순간순간 '이 사람과 어찌 살꼬' 싶을 때가 있습니다. 부부 관계가 틀어질 수 있고, 이런저런 고난이 올 수도 있습니다. 그래서 앞길이 막막할 때가 있게 마련입니다.

룻의 시어머니 나오미가 그랬습니다. 흉년에 남편 잃고, 자식 잃고, 한 치 앞을 알 수 없었을 것입니다. 하지만 나오미에게는 하나님이 계셨습니다. 그러므로 모든 걸 하나님의 뜻에 맡기고 한밤중에 룻을 보아스에게 보냈습니다. 룻도 수치를 각오하고 모든 걸 하나님의 뜻에 맡겼습니다.

하나님의 뜻대로 하는 근심은 유익하다고 했습니다(고후 7:10). 하나님은 우리의 근심을 통해서도 역사하실 때가 많습니다. 근심 속에서도 날마다 치열하게 고민하고 묵상하고, 그것 때문에 밤이 새도록 기도하다 보면 결과에 대해서는 더 이상 연연하지 않게 됩니다. 하나님만을 신뢰하는 마음이 생기기 때문입니다. 내 이익을 위해서가 아니라 구원을 위해 수치를 각오하고 순종할 때, 하나님께서 나의 수치를 영광으로 바꿔 주실 것을 믿습니다.

만일 룻이 '결혼을 못 하면 못 했지 내가 이런 명령은 들을 수 없다' 하고 손사래를 쳤다면, 굉장히 현숙해 보였을지는 몰라도 오늘날 예수님이 오실 수 없었습니다. 시어머니 나오미의 말에 즉시 순종했기에 보아스가 룻을 맞이하여 아내로 삼았습니다. 그리고 훗날 "그에게 들어갔더니 여호와께서 그에게 임신하게 하시므로 그가 아들을 낳은지라"(룻 4:13)고 합니다. 이로써 룻의 이름은 다윗과 예수 그리스도의 조상으로 영원히 남았습니다.

여호와의 총회에 들어오지 못하는 이방 모압의 여인이 이렇게 예수님의 계보에 오른 것입니다. 할렐루야!

서로 속이지 않는 청년들의 결혼

우리들교회의 청년공동체는 창립 20주년 만에 3천5백여 명이 모이는 엄청난 부흥을 이루었습니다. 서울 강남에 있는 휘문채플이나 성남에 있는 판교채플 가까이에는 지하철역도 없고 버스 노선도 신통찮습니다. 대학가도 아닙니다. 더구나 휘문채플은 냉난방시설이 열악한 학교 체육관에서 플라스틱 의자를 놓고 예배를 드립니다. 주중에는 모일 수도 없지요. 그런데 오직 큐티하면서 구속사로 성경을 읽고, 삶이 해석되고, "속인 자보다 속은 자가 더 나쁘다", "당신이 나보다 옳도다" 하니까 청년들이 그만큼 모이게 된 것입니다.

요즘 청년들이 MZ세대니, 뭐니 하면서 아무리 문제가 많다고 해도 그래요. 구속사의 진리가 선포되니까 매 같은 눈을 가진 청년들이 이렇게 모여듭니다. 또한 우리들교회에서는 매주 예배 때마다 설교를 들은 후 말씀으로 인생이 해석된 청년들이 나와서 간증을 합니다.

"내 부모님은 이혼하고, 별거하고, 감옥 가고, 우리 집은 망했고 …… 나는 우울증이고, 분노 조절이 안 되고, 스펙도 없고, 직장도 잃고, 가진 것도 없고, 혼전 순결을 못 지켰고, 혼전 출산했고, 혼전 낙태했고, 동성애에 빠졌었고, 이단에 빠졌었고……."

이런 과거들을 눈물로 고백합니다. 물론 "시집 장가도 안 간 청년들이 이런 간증을 해서 혼삿길 막히려면 어쩌려고……" 하며 걱정할 수도 있고, 손가락질할 수도 있습니다. 하지만 우리들교회 청년들은 이런 간증을 들으면 "어머, 쟤는 진짜 믿음이 있구나. 진심이구나" 합니다.

결혼을 결정하려면 무엇보다 상대방을 잘 알아야 하지 않습니까? 그런데 이런 간증으로 모든 게 검증됩니다. 간증한 형제자매들은 공동체 안에서 오히려 더 큰 신뢰와 사랑을 받습니다.

결혼예배 때도 혼인 서약에 앞서 그날 큐티 말씀으로 되었다 함이 없는 자기 죄를 고백합니다.

우리들교회에서 만나 결혼한 한 신랑의 나눔입니다.

저는 올해 초 행복한 신혼생활을 꿈꾸며 결혼을 준비했는데 갑작스럽게 권고사직을 통보받았습니다. 처음에는 이해할 수 없고 화도 많이 났습니다. 그 후 제 힘으로 새 직장을 구해 보려고 애를 썼습니다. 하지만 오늘 말씀에서 하나님이 한나의 기도를 듣고 기억하시며 때가 되어서 아들을 허락하신 것처럼(삼상 1:19~20), 제게도 8개월 시간이 지난 후에, 결혼 3일 앞둔 시점에 신혼집에서 10분 거리에 있는 회사로 이직할 수 있게 해 주셨습니다. 제가 워낙 기준이 높고 의로움이 강하다 보니 '주님이 이런 고난으로 내 힘을 꺾으시는구나' 깨달아집니다.

그동안 경제적으로 어려워 많이 힘들었는데, 새 직장을 얻고 나니 다시 기가 살아나서 금세 신부에게 잔소리하는 저를 발견하게 됩니다. 앞으로는 사랑의 언어를 쓰며 거룩한 가정을 이루어 가기를 소망합니다.

양가 부모들도 하객들에게 인사하는 자리에서 어김없이 죄와 수치를 나눕니다.

저는 잦은 부부싸움과 고집과 혈기로 자녀들에게 많은 상처를 주었습니다.
저는 우울증에 빠져 남편과 자녀들을 원망하고 탓하며 힘든 시간을 보냈습니다.
저는 무늬만 교회 다니는 사람이었습니다. 공동체의 기도에 빚진 자인데 지체의 아픔과 고난에 대해서 기도하지 않았습니다…….

이럼에도 우리들교회 청년공동체 안에서는 결혼이 더 잘 이루어집니다. 판교채플에서만 매주 두세 건의 결혼이 이루어지고 있습니다. 그동안 교회 행사가 있는 주를 제외한 토요일이면 오전과 오후에 두 건의 결혼예배가 드려졌는데 결혼하는 청년들이 늘다 보니 근래 들어 오후 5시 예식을 신설했을 정도입니다. 그래서 "결혼하려면 우리들교회로 가라"는 말까지 들립니다. 실제로 "결혼을 목적으로 청년부에 등록했다"는 청년도 있습니다. 하지만 이들 역시 목장 나눔과 양육 과정을 통해 자기 죄와 수치를 낱낱이 고백하게 됩니다. 그러므로 우리들교회 청년공동체 안에서만큼은 '사랑하는 까닭에 속임당할 일'이 거의 없습니다.

또 우리들교회에서 만나 결혼한 커플들은 치열히 싸워도 가정을 지키기에 힘씁니다. 이야말로 로열패밀리 아니겠습니까? 강남과 판교 한복판에 지금 이렇게 성경의 진리를 지키고 있는 공동체가 있습니다. 결혼이나 인생의 목적을 거룩에 두면 행복은 저절로 따라오는 것을 봅니다. 이 혼탁한 시대에 믿음으로 결혼하는 청년들이 그 열매를 보여 주고 있습니다.

♥ Question & Think

Q. 결혼은 부모를 떠나 아내와 연합하는 것이라고 했습니다. 나는 부모로부터 정신적·경제적·신앙적으로 독립했습니까? 독립하지 못했다면, 그 이유는 무엇입니까?

_____

_____

_____

Q. 나는 상대방의 어떤 면을 보고 결혼을 결정하게 되었나요?

_____

_____

_____

Q. 결혼을 준비하면서 서로 재물관이 충돌한 적은 없었습니까? 서로의 구원을 위해 양보하고 아낌없이 내주어야 할 것은 무엇인가요?

_____

_____

_____

_____

Q. 혼전 순결은 최고의 혼수입니다. 이 말씀에 100% 인정이 되나요? 아
래 글씨를 따라 쓰며 예비 배우자와 함께 서약해 보세요.

혼전 순결을 지키겠습니다!

예비 신랑 ＿＿＿＿＿＿＿ (서명)

예비 신부 ＿＿＿＿＿＿＿ (서명)

Q. 결혼은 하나님과의 언약이며, 양가의 연합이기도 합니다. 하나님과 가
족의 마음을 얻기 위해 적용해야 할 것은 무엇인가요?

＿＿＿＿＿＿＿＿＿＿＿＿＿＿＿＿＿＿＿＿＿＿＿＿＿＿＿＿

＿＿＿＿＿＿＿＿＿＿＿＿＿＿＿＿＿＿＿＿＿＿＿＿＿＿＿＿

＿＿＿＿＿＿＿＿＿＿＿＿＿＿＿＿＿＿＿＿＿＿＿＿＿＿＿＿

Q. 우리 커플은 서로에게 진실합니까? 내가 속이고 있거나 상대에게 속
았다고 생각하는 부분은 무엇인가요? 하나님 앞에서 이 문제를 어떻
게 해석하며 가고 있습니까?

＿＿＿＿＿＿＿＿＿＿＿＿＿＿＿＿＿＿＿＿＿＿＿＿＿＿＿＿

＿＿＿＿＿＿＿＿＿＿＿＿＿＿＿＿＿＿＿＿＿＿＿＿＿＿＿＿

＿＿＿＿＿＿＿＿＿＿＿＿＿＿＿＿＿＿＿＿＿＿＿＿＿＿＿＿

부모님의 불화가 심해 저는 불안한 유년 시절을 보냈습니다. 아빠는 알코올의존증이 심각했습니다. 게다가 빚보증을 서신 것까지 잘못되어 결국 부모님은 제가 초등학생 때 서류상 이혼을 하셨습니다. 아빠를 대신해 가장이 된 엄마는 힘든 마음에 교회를 찾았고, 그런 엄마를 따라 저도 자연스레 교회 공동체에 속하게 됐습니다.

그렇게 주님 안에서 평안을 누리는 것도 잠시, 가정에 연이어 힘든 일이 찾아왔습니다. 아빠는 정신병원에 입원하시고, 저는 공황장애에 시달렸습니다. 언니는 폐암에 갑상샘암까지 발병하고, 엄마는 자동차 급발진 사고로 몸을 다쳐 3번의 큰 수술을 치러야 했습니다. 도무지 감당할 수 없을 것 같은 사건들이 휘몰아치자, 저는 피해의식과 자기 연민에 시달리며 몸과 마음이 지쳐 갔습니다.

그러다 몇 년 전 가을, 저도 폐암 진단을 받았습니다. 폐의 4분의 1을 절제하는 수술을 치르고서 비로소 저는 회개하게 되었습니다. "말씀 앞에서 나의 문제를 해석받아야 한다", "십자가를 피하는 것이 아니라 십자가를 잘 지는 것이 성도의 길이다." 이와 같은 구속사 말씀을 오랜 시간 듣고, 겉으론 모든 걸 깨달은 척했지만 실상 제게는 말씀이 없었습니다. 나도 속고 남도 속이는 신앙생활을 해 온 겁니다. 그런 저를 깨우시고자 주님이 암이라는 고난으로 찾아오신 것이 인정되었습니다. 강론 중에 졸다가 창가에서 떨어져 죽은 유두고를 바울이 안아

서 살렸듯이(행 20:9~10), 죽어 가던 제 영혼을 주님이 끌어안으사 살려 주셨습니다. 할렐루야!

이후 저는 한 가정의 아내와 엄마로 살아가는 것이 남은 사명임을 깨닫고 "주께서 정하신 한 사람을 만나게 해 달라"고 간절히 기도했습니다. 그러던 중 단기선교를 떠났는데 저의 간증을 들은 한 형제에게서 고백을 받았습니다. 제 간증이 믿음의 고백으로 들렸다고 합니다. 저희는 함께 예배드리고 말씀을 나누며 공동체 안에서 신교제를 이어 갔습니다. 〈결혼예비학교〉를 통해서는 말로만 신결혼을 외치면서 돕는 배필로 전혀 준비되지 못한 제 모습을 보았습니다. 나아가 부모님을 원망하는 죄에서 돌이켜 부모님에게 "당신이 나보다 옳습니다" 고백하는 은혜도 누렸습니다.

만일 주님을 만나지 못했다면 그저 자기연민에 빠져 부모님 탓, 환경 탓만 하며 살았을 저입니다. 저를 믿음의 공동체로 인도하여 살려 주시고, 구속사 여정을 함께 걸어갈 돕는 배필을 허락해 주신 하나님, 감사합니다. 더불어 하나님의 자녀로 신결혼에까지 이르도록 저를 낳으시고 길러 주신 부모님, 사랑하고 감사합니다.

PART
II

결혼은
지킬 만한 가치가 있습니다

부부 사랑의 지혜

18 아내들아 남편에게 복종하라 이는 주 안에서 마땅하니라 19 남편
들아 아내를 사랑하며 괴롭게 하지 말라 _골 3:18~19

저는 우리들교회 개척 이후 20년이 넘도록 주례를 설 때마다 이 골로
새서 말씀을 전하고 있어요.

부부 관계에서는 "복종과 사랑", 이 두 가지 언어밖에 없습니다.
아내가 남편에게 복종의 언어를 쓰지 않으면 남편은 사랑을 느끼지
못합니다. 아내가 아무리 잘해도 남편에게 복종하지 않으면 모든 행
동이 쓰레기통에 처박힌다는 뜻이죠.

남편들도 그래요. 아내를 사랑하지 않으면 아무리 수고하여 섬
겨도 아내들은 만족하지 못합니다. 그렇다면 우리는 이 "복종과 사랑
의 언어"를 어떻게 잘 쓸 수 있을까요?

남편에게 복종하라

하나님이 이 땅의 부부들에게 하시는 첫 번째 명령은 "아내들아, 남편에게 복종하라"입니다. "아내들아, 남편을 의지해라, 기대해라" 이런 말씀은 없습니다. "복종하라, 이는 주 안에서 마땅하니라!"뿐입니다.

여기서 '복종'은 군사 용어입니다. '복종하지 않으면 죽는다'라는 의미가 내포되어 있어요. 그렇지만 아내가 몸종도 아닌데, 남편에게 복종하라니요? 요즘 세상 가치관으로는 받아들이기 어렵습니다. '하나님이 뭘 모르셔도 한참 모르시네' 싶을 것입니다.

복종하고 싶어도 그렇죠. 상대가 그럴 만해야 할 수 있는 것 아닙니까? 돈도 못 벌고, 허구한 날 술이나 퍼마시고, 손찌검하고…… 도무지 상종조차 하기 싫은 남편에게 어찌 복종할 수 있겠습니까.

| 주께 하듯 복종하라

사도 바울은 에베소서 5장 22절에서도 "아내들이여 자기 남편에게 복종하기를 주께 하듯 하라"고 했습니다. 그리고 "이는 남편이 아내의 머리 됨이 그리스도께서 교회의 머리 됨과 같음이니 그가 바로 몸의 구주시니라 그러므로 교회가 그리스도에게 하듯 아내들도 범사에 자기 남편에게 복종할지니라"고 했습니다(엡 5:23~24).

'복종'이란 남의 명령이나 규칙을 무조건 따르는 것입니다. 내 의

사와 관계없이 '시키는 대로 하는 것'입니다. 싫든 좋든 반드시 해야 하기에 우리는 복종하기가 참 힘듭니다. 순종하면 기쁨이 따르지만 복종하면 왠지 손해 보는 것 같고 뭔가 억울합니다.

그런데 왜 주님은 "남편에게 복종하라"고 하실까요? 돈 잘 벌어다 주는 남편이라면 누군들 복종을 못 하겠습니까? 하지만 남편의 알코올의존증에, 무능력에, 가정환경의 약점에, 그 무거운 짐에까지 다 복종하라고 하시니 이것이 문제인 것입니다.

하지만 여기에 구속사의 비밀이 있습니다. 하나님은 이기적인 나를 주님께 철저히 복종시키기 위해서 이 땅의 배우자를 통해 나를 훈련해 가십니다. 이런 구속사가 깨달아지면 복종이 쉬워집니다. 그러려면 먼저 자기 죄를 봐야 합니다. 자기 죄를 못 보면 복종할 수가 없습니다.

예를 들어, 남편이 실직하는 바람에 가장의 무거운 짐을 대신 지겠다고 돈벌이에 나선 아내가 있다고 합시다. 그러고는 "내가 밖에서 열심히 돈 버는데 당신은 왜 집안일을 안 도와줘? 밥이라도 좀 해 놓지!" 한다면 이것은 복종인가요, 아닌가요?

무거운 짐을 지면서도 이처럼 생색을 내는 것은 결코 복종이 아닙니다. 돈에 복종하는 것이죠. 그 마음에 돈이 왕 노릇 함으로 행하는 복종은 참복종이 아닙니다. 성품으로 인내하고, 인간적인 노력으로 잘하는 것 또한 복종이 아닙니다. 인간적인 노력과 인내로는 오래가지도 못합니다. 십자가 없는 막연한 참음은 구원을 위한 인내가 아니기 때문에 오히려 병이 됩니다. 말씀이 내게 들어 오지 않으면 내가 왜 복종해야 하는지 알 수 없습니다.

　내 남편이 맘에 들지 않아도, 상종하기 싫어도 '주께 하듯' 남편에게 복종하라는 것은 아내의 머리가 남편이고, 남편의 머리가 그리스도이기 때문입니다. 상황으로는 복종하기 힘들어도 주님께 복종하므로 남편에게 복종하는 것입니다. 그러므로 남편에게 복종함은 곧 주님에 대한 복종을 증명합니다.

| '흙먼지 같은' 남편의 구원을 위해 복종하라

　하나님께서는 아담을 흙으로 만드셨지만, 하와는 뼈로 만드셨습니다. 아담의 피나 살을 재료로 취하지 않고 갈빗대로 만드셨습니다. 그래서 창조의 순서는 남자가 먼저지만 재료는 여자가 더 훌륭합니다.

　남자는 흙으로 지어졌기에 하나님의 생기가 들어가지 않으면 얼마나 연약한지 모릅니다. 흙은 만지면 부스러지고, 흔들면 금세 먼지와 티끌이 됩니다. 훅 불면 날아갑니다. 반면에 뼈는 비바람이 불어도 끄떡없습니다. 좀체 깨어지지도 않습니다. 물속에 들어가도 변하지 않죠.

　창세기 3장을 보면 뱀이 선악과로 여자를 유혹하는 장면이 나옵니다. 뱀은 모든 짐승이 그러하듯 흙으로 지어졌습니다. 남자와 재료가 같습니다. 그런데 뱀은 짐승 주제에 남자하고는 말도 안 섞습니다. 지혜로운 여자하고만 말이 통합니다. 뱀이 여자에게 먼저 선악과를 먹으라고 유혹한 것은 흙이요, 짐승인 남자는 말귀를 못 알아듣기 때문입니다. 정말 그런 것이 제가 예배나 집회를 인도할 때 보면 남자들은 정말로 말씀을 못 알아듣습니다. "남자는 짐승과 재료가 같다"고 하면 기분만 나빠합니다. 아내가 집에 가서 세세하게 설명해 주면 그제야 고개를 끄덕입니다.

뱀의 유혹에 넘어간 여자는 어떻게 하죠? 남자에게 "여보, 여보, 선악과를 먹으면 눈이 밝아져서 하나님같이 된대요~" 하고 남자를 꼬드깁니다. 원래 여자가 남자보다 야망이 더 많습니다. 그러면 옆에서 어벙하게 있다가 "알았어" 하고 받아먹는 것이 남자입니다. 그러다 하나님이 "내가 먹지 말라고 한 걸 왜 먹었느냐?" 하시면 "이 여자가 먹으라고 해서 먹었습니다" 하면서 여자에게 모든 걸 떠넘기죠.

그럼에도 왜 아내가 남편에게 복종해야 합니까? 남녀를 차별해서 하신 말씀이 아니에요. 오직 연약한 남편의 구원을 위해서입니다. 남편을 살리는 사명 때문에 흙먼지 같은 남편에게 복종하고, 또 복종해야 하는 것입니다.

바람을 피우다가 직장까지 잘린 집사님이 있었습니다. 그러면 아내의 눈치라도 보면서 잠잠히 있는 게 정상 아닌가요? 그런데 이 집사님은 백수로 있으면서 삼시 세끼 다 차려 달라 하고, 어느 날에는 "내 핸드폰 요금을 안 냈어? 먹통이 됐잖아!!" 하면서 아내한테 핸드폰을 집어 던졌습니다.

아내가 "그동안 돈이 없어서 못 냈어요. 그러잖아도 당신 전화 끊길까 봐 어제 통장에 돈을 넣었어요~" 하는데도 계속 성질을 부리는 남편을 보면서 아내 집사님은 순간 화가 차올랐습니다. 그러나 이 아내 집사님은 '말세의 순교는 혈기 안 부리는 것'이라는 제 설교를 기억하고는 가만히 방에서 나갔다고 합니다. 이야말로 구원을 위한 복종 아닙니까?

억울하고 손해 본 것 같아도 결국 그 복종은 반드시 남편의 구원으로 이어집니다. 그리고 남편의 구원을 위해 수고하는 아내는 반드시 남편의 사랑을 누리게 될 것입니다.

| 지혜롭게 복종하라

"남편에게 복종하기를 주께 하듯 하라"고 하셨지만, 이것은 결코 문자적으로 복종하라는 뜻이 아닙니다. 무조건 남편이 하라면 하고, 하지 말라면 안 하는 것이 복종이 아닙니다. 오직 나의 구원, 남편의 구원을 위해서 어떤 선택을 해야 할지 잘 분별해야 하죠.

베드로는 "아내의 행실로 말미암아 (남편을) 구원받게 하려 함이니"(벧전 3:1)라고 했습니다. 남편의 구원을 위해 아내들의 복종이 절대적으로 필요하다는 것입니다. 저도 그랬기에 남편이 구원되었습니다.

나아가 베드로는 아내들에게 "자기 남편에게 순종함으로 자기를 단장하라"(벧전 3:5)고 했습니다. 이것이 하나님 앞에서 더 값진 것이라고 말하지요.

남편에게 복종하려면 때에 따라 여러 태도와 모습을 갖출 수도 있어야 합니다. 남편의 믿음의 분량에 따라 맞추어 가는 지혜가 필요합니다. 우리 인생에 옳고 그른 것은 없습니다.

'나도 부족한 죄인'임을 인정해야 합니다. 그리하면 나와 함께 살아 주는 남편에게 고마운 마음을 갖게 됩니다. 남편을 존경하는 마음이 우러납니다. 그 앞에 저절로 복종하게 됩니다.

그러므로 내 죄를 보는 것이 복종의 지혜입니다. 복종의 마음을 갖게 하는 지름길입니다. 그리하면 남편의 사랑도 저절로 따라옵니다. 행여 남편의 사랑을 받지 못하더라도 하나님께서 그 사랑을 책임져 주실 것입니다. 그 하나님의 사랑을 믿어야 합니다.

저는 학창 시절 시험 볼 때가 되면 밤잠도 못 자고 열심히 공부하고 열심히 기도했습니다. 하지만 결혼을 위해서는 그렇게 열심히 기도하지도, 준비하지도 않았습니다. 남편이 저를 너무 좋아해 주고, 성실하니까 결혼하면 당연히 제게 잘하리라고 생각했습니다. 그런데 그게 아니더군요. 제 결혼생활은 행복하지 않았습니다. 그 이유는 남편 때문이 아니었어요. 내 속에 인정받고 싶은 마음, 안목의 정욕을 누리려는 마음이 있었기 때문입니다. 남편을 전리품으로 취해서 남편이 태워 주는 자가용을 타며 고고하게 살고자 한 마음 때문이었습니다. 그러니 제가 누구를 원망하겠습니까.

그럼에도 저는 왜 결혼생활 13년간 걸레질만 하며 살았을까요? 하나님이 제게 중요한 명령을 주셨기 때문입니다. 하나님이 짝지어 주신 것을 사람이 나누지 못하고 제 머리가 남편이라는 진리를 말씀으로 알려 주셨습니다(막 10:9; 엡 5:23). 가정을 유지하는 것을 최고의 명령으로 주셨기 때문에 화가 나고 기가 막혀도 걸레질하며 제자리를 지켰습니다. 그렇게 가정의 질서를 깨지 않고 잘 순종했더니 이처럼 저를 빛난 인생으로 삼으셨습니다.

저는 예수님이 계셨기에 남편에게 순종할 수 있었고, 예수님이 계셨기에 남편의 죽음에도 순종할 수 있었습니다. 참신랑이신 예수님이 함께하시면 감당 못 할 일이 없는 것입니다.

나아가 내가 용납하기 힘든 남편에게 복종하면 남들이 나를 무시할 것 같지만 전혀 그렇지 않습니다. 말이 안 되는 남편에게 복종하는 내 모습을 보고 자녀들도 엄마를 존경하게 됩니다. 인정과 칭찬을 받고 싶어서 복종하는 모습은 매력이 없지만, 남편과 가족의 구원을 위해 복종하는 모습은 그 무엇보다 아름답고 매력적입니다. 때리고 부수고 거짓말하는 남편이라도 아내가 복종하면 언젠가는 회복됩니다.

| 좋은 남편도, 나쁜 남편도 없다

아내들은 "남편에게 복종해야 한다"라는 말을 들으면 일단 기분이 상합니다. 하지만 믿는 우리는 이 말씀을 잘 해석해야 합니다. 우리는 모두 예수 그리스도의 신부입니다. 이 땅에서 예수님이 종의 모습으로 섬기셨듯, 성경은 우리에게 순종을 명령합니다. 그러므로 이 말씀은 남편의 인격에 복종하라는 것이 아닙니다. 아내의 역할에 순종하라는 뜻이죠. 결혼하는 그날부터 아내는 남편이 돈을 벌든 안 벌든, 성격이 포악하든 아니든, 마약을 하든 안 하든, 바람을 피우든 안 피우든 아내의 역할에 순종하라는 것입니다. 좋은 남편도 나쁜 남편도 없고, 복종해야 할 남편만 있을 뿐입니다.

특히나 남편들은 결혼하고 나면 여자를 괴롭히는 것이 전공입니다. 남자가 저지르는 죄의 1, 2, 3위는 각각 정욕, 탐식, 나태라고 하죠. 남자는 맨 먼저 정욕의 죄를 짓습니다. 그 대표적인 예가 '가는 여자, 오는 여자를 죄다 쳐다보는 것'입니다. 남자들의 눈은 전자동으로 다른 여자에게 가게 되어 있습니다. 하지만 이때 아내들은 그런 남편을 속물이라 욕하면 안 됩니다. 그러기보다는 "당신은 참 건강하군요"라고 해야 합니다. 오히려 다른 여자를 마치 바위 보듯 하면 "당신, 병원에 가 봐야 하지 않아요?" 해야 합니다. "내 남편은 다른 여자는 쳐다보지도 않아!"라고 하면 정말 이 아내도 이상한 겁니다. 다른 여자에게 눈을 팔지 않는다고 나만 사랑하는 것은 아닙니다.

그다음으로 남자들은 먹는 것밖에 모릅니다. 먹지 못하면 포악해집니다. 온갖 성질을 부립니다. 일단 먹여야 조용해집니다. 그리고 먹었으면 드러누워 자야 합니다. 그래서 나태합니다.

반면에 여자는 교만, 시기, 분노가 1, 2, 3위의 죄입니다. 여자는 교양이 있어서 영적입니다. 남자는 흙먼지인데도 그 흙먼지의 품질이 좋으면 아내가 참 교만해집니다. 또 남편의 품질이 좀 떨어지면 아내는 열등감으로 인해 시기와 분노가 하늘을 찌릅니다. 이처럼 정욕과 탐식, 나태와 교만과 시기, 분노가 만나는 것이 결혼입니다.

그렇다면 여자들의 교만, 시기, 분노와 남자들의 정욕, 탐식, 나태 중에서 어떤 것이 더 무서운 죄일까요? 정욕은 교만에게 명함도 들이밀지 못합니다. "교만은 패망의 선봉이요 거만한 마음은 넘어짐의 앞잡이니라"(잠 16:18)고 하죠. 여자는 교만해서 돈 없고, 학벌이 없어도 낮아지는 법이 없습니다. 마치 본차이나bone china처럼 절대 깨지지 않습니다.

그런데 그런 여자가 깨지는 때가 있는데, 바로 남편과 자녀가 속 썩일 때입니다. 창세기 3장 16절을 보면, 뱀의 유혹에 넘어가 죄를 범한 여자에게 하나님은 출산의 고통과 더불어 "남편을 원하고 남편에게 다스림을 받는" 형벌을 내리십니다. 즉, 원죄에 대한 징계로 남편을 사모하는 벌을 주신 겁니다.

왜 이런 힘든 형벌을 여자에게 주셨습니까? 여자의 재료가 남자보다 훌륭하기 때문입니다. 잘난 사람은 못난 사람을 무시하기 쉽지요. 그러나 재질이 좋은 여자가 흙인 남편을 무시하면 하나님의 영광을 드러낼 수 없어요. 남편 사모하기를 벌로 주셨으니 잘 받는 것이 최선입니다. 이것을 저주라 생각하지 않고 벌로 잘 받을 때 축복이 옵니다. 어떤 남편이든지 아내가 다스림을 잘 받으면, 그 인내를 통해 예수님께서 그 가정에 오십니다.

아내를 사랑하며 괴롭게 하지 말라

하나님께서 부부들에게 주신 두 번째 명령은 "남편들아, 아내를 사랑하며 괴롭게 하지 말라"입니다. 아내에게는 "남편에게 복종하라" 말씀하시고 남편에게는 "아내를 사랑하라, 괴롭히지 말라"고 하십니다.

그런데 복종하는 것보다 더 어려운 일이 사랑하는 것 아니겠습니까? 복종은 내 의지를 꺾고 할 수 있지만 사랑은 지극히 인간적인 사랑조차 내 마음대로 하기 어렵습니다. 복종은 자기 마음에 감정을 담지 않고도 할 수 있지만, 사랑은 마음에서 우러나오지 않으면 안 됩니다. 노력한다고 되는 일이 아닙니다.

더구나 여기서 말하는 사랑은 '아가페agape'입니다. 즉, 무조건적인 사랑, 하나님의 사랑을 말합니다. 나를 희생해야 하는 사랑입니다. 사도 바울도 "아내 사랑하기를 그리스도께서 교회를 사랑하시고 그 교회를 위하여 자신을 주심 같이 하라"고 했습니다(엡 5:25).

주님은 우리를 끝까지 사랑하셨습니다. 십자가에 못 박혀 죽기까지 사랑하셨습니다. 이것이 참사랑입니다. 남편이 아내를 죽기까지 사랑한다면 이보다 더 큰 사랑이 어디 있겠습니까? 주님은 이 땅의 남편들에게 그런 사랑으로 아내를 사랑하라고 명령하십니다. 괴롭게 하지도 말라고 하십니다. 훨씬 더 힘든 명령이 남편들에게 주어진 것입니다.

앞서도 잠깐 언급했지만, 결혼 전에는 "너밖에 없다"며 별도 달도 따줄 듯하다가 결혼하고 나면 아내를 괴롭히는 것이 남편들의 전공입니다. 정욕과 탐식과 나태로 아내를 힘들게 합니다. 바람피우고, 한눈팔고, 삼시 세끼 꼬박꼬박 안 챙겨 주면 성질내고, 배부르면 드러눕습니다. 이것은 저만의 생각이 아닙니다. 우리들교회 남자 성도들이 고백하는 죄들을 보면 대부분 이 세 가지로 압축됩니다. 이런 본성을 가진 남편들인데 어찌해야 아내를 사랑하며 괴롭게 하지 않을 수 있을까요?

| 내 뼈 중의 뼈요 살 중의 살이라

아담에게서 취하신 갈빗대로 여자를 만드신 하나님은 그 여자를 아담에게로 이끌어 오십니다. 이때 아담의 첫 고백이 무엇이죠?

아담이 이르되 이는 내 뼈 중의 뼈요 살 중의 살이라 이것을 남자에게서 취하였은즉 여자라 부르리라 하니라_창 2:23

이렇듯 내 아내는 '내 뼈 중의 뼈요 살 중의 살'입니다. 내 육체입니다. 남자의 갈빗대를 취해서 여자를 만든 것은 '가슴 아파하는' 사랑을 하라는 뜻입니다. 이런 것도 모르고 내 육체인 아내를 미워하고 학대한다면 이보다 더 어리석은 일이 어디 있겠습니까. 이걸 모르니 어떤 것이 사랑이고 어떤 것이 미움인지도 모릅니다.

남편들은 "아내를 사랑하라"고 하면 그저 인간적으로, 육적으로 사랑하면 그만인 줄 압니다. 같이 잠자고, 값비싼 명품 가방 사 주는 것이 사랑의 전부인 줄 압니다. 진정한 사랑은 그런 것이 아닙니다. 앞서도 말했듯이 하나님의 사랑, 예수님의 조건 없는 참사랑이 진정한 사랑입니다.

아담은 "남자에게서 취하였은즉 여자라 부르리라!" 했습니다. 여자란 이렇게 감탄사가 절로 나오는 대상입니다. 사랑의 책임은 남편에게 있습니다. 사랑은 남편에게서 아내에게로 흐르게 되어 있습니다. 그러므로 아내를 사랑해야 비로소 자녀도 사랑할 수 있습니다.

자녀들은 자신이 부모에게 사랑받는 것보다 부모가 서로 사랑하는 것을 더 기뻐한다고 합니다. 부부가 한방에서 자고, 서로 사랑하는 모습을 보여 주는 것이 자녀에게는 최고의 가정교육입니다. 특히 아빠가 엄마를 사랑하는 모습을 보여 주면 자녀의 정서에 매우 유익하고, 심리적인 안정감을 준다고 합니다. 이것이 창조 원리입니다. 가정은 창조 원리에 의해 세워졌기 때문입니다.

| 귀히 여기라

베드로 사도는 "남편들아, 이와 같이 지식을 따라 너희 아내와 동거하라" 하면서 "아내를 더 연약한 그릇으로 여기라"고 권면했습니다(벧전 3:7a).

여기서 '연약한 그릇'이란 여자가 영적으로, 지적으로 부족하다는 의미가 아닙니다. 육체적으로, 감정적으로 약하다는 뜻입니다. 그런 여자의 연약함을 돌보고 보호하라는 것입니다.

그런데 이어지는 구절을 보면 "또 생명의 은혜를 함께 이어받을 자로 알아 귀히 여기라"(벧전 3:7b)고 합니다. 생명의 은혜는 나 혼자만이 아니라 함께 이어 가는 것이기 때문입니다. 그러므로 이 말씀은 곧 연약한 그릇 같은 아내의 문제를 내 문제로 여기라는 것입니다. 전적인 책임을 지라는 의미입니다.

나아가 베드로는 아내를 귀히 여겨야 하는 이유로 "이는 너희 기도가 막히지 아니하게 하려 함이라"(벧전 3:7c)고 말하죠. 기도가 막혔다는 것은 영적인 호흡이 끊어졌다는 뜻입니다. 그렇다면 그 믿음은 이미 죽은 것과 마찬가지 아니겠습니까?

남편이 아내를 귀히 여기지 않고 사랑하지 않는다면 그 남편은 자신의 믿음을 점검해 볼 필요가 있습니다. 교회를 아무리 열심히 다니고, 봉사를 열심히 한다고 해도 정작 내 아내를 사랑하지 않는 사람은 예수님을 제대로 믿는 사람이 아닙니다. 실상은 아무런 믿음이 없는 것입니다. 그저 믿음이 아닌 기복으로 교회에 다니고, 내 의로움으로 봉사하는 것입니다.

특히나 교회에서는 인정받기 위해 천사처럼 행동하고 열심을 다하면서 집에서는 가부장적인 태도로 아내를 종처럼 하대하는 남편이 적지 않죠. 사랑은커녕 아내를 '내 인생을 가로막는 장애물'같이 생각하는 남편도 한둘이 아닙니다. 그래서 아내를 무시하고 상의도 하지 않고 자기 혼자 집안일을 결정합니다. 그런데 그런 남편들이 결국 가정을 홀랑 말아먹는 것을 저는 참 많이 보았습니다.

사도 바울은 "누구든지 언제나 자기 육체를 미워하지 않고 오직 양육하여 보호하기를 그리스도께서 교회에게 함과 같이 하나니 우리는 그 몸의 지체임이라"(엡 5:29~30)고 했습니다. 결혼하면 누구나 예외 없이 자기 육체는 배우자의 것이 되고 배우자의 육체는 나의 육체가 됩니다. 첫 사람 아담도 그를 돕는 지체가 없었다면 불구와 다를 바 없었을 것입니다.

이 에베소서 말씀을 다른 성경 사본으로 보면 '그 몸의 지체임이니라' 뒷부분에 '살과 뼈니라' 하는 말씀이 덧붙어 있다고 합니다. 몸에서 살과 뼈를 제외하면 남는 건 가죽밖에 없습니다. 예수님과 교회도 이런 의미에서 하나입니다. 창조주이신 예수님이 피조물과 하나라니 이 얼마나 놀라운 일입니까.

우리를 자신의 뼈와 살로 인정하시고 영광의 보좌를 떠나서 우리를 신부로 부르시는 예수님의 겸손을 생각한다면 세상 어느 아내와 내가 한 몸이 못 되겠습니까. 그럼에도 내 육체인 아내를 미워하고 괴롭힌다면 얼마나 어리석은 일입니까. 거듭 강조하지만 아내는 곧 나의 육체입니다. 연약한 아내를 미워하고 괴롭히는 남편은 자신을 미워하고 괴롭히는 것과 다를 바 없습니다.

| 사랑도 결국 복종하는 것

유치부 시절부터 교회에 열심히 다니고, 청년부 시절에는 각종 봉사와 전도, 선교에 헌신하며, 새벽기도도 거의 빠지지 않은 전형적인 '교회 오빠'가 있습니다. 대학을 마치고 유학을 다녀온 후에는 대기업에 입사하여 기독신우회 리더까지 했습니다. 이만한 교회 오빠가 흔치 않기에 많은 교회 자매가 호감을 보였습니다. 그렇지만 이 교회 오빠는 마음에 드는 배필을 찾지 못했습니다. 자기가 보기에 '믿음도 좋고 세상적인 기준을 다 갖춘' 자매가 없었기 때문입니다. 그러다가 겨우겨우 나름 합당해 보이는 자매를 만나 3개월 동안 연애하고 〈결혼예비학교〉까지 수료하며 '화려한' 결혼예배를 드렸습니다.

그런데 막상 결혼하고 나니 모든 상황이 달라졌습니다. 도덕적으로나 성품으로나 착하기 그지없는 이 교회 오빠는 결혼 후 자기보다 믿음이 없고, 감정적이며, 물질을 추구하는 아내를 옳고 그름으로 정죄하기 시작했습니다. 아내를 무시하고 아내 말을 귀에 담지 않았습니다. 그러니 아내가 얼마나 힘들었을까요? 부부간에 갈등이 심해지자 교회 오빠는 나름 문제를 해결하려고 이런저런 상담을 받았습니다. 부부가 함께 여러 프로그램에도 참여했습니다. 하지만 아내는 그런 현실을 견디지 못하고 결국 이혼 소송을 제기했습니다. 교회 오빠는 아내의 이혼 소송이 이해되지 않았습니다.

사도 바울은 "아내들이여 자기 남편에게 복종하기를 주께 하듯 하라"는 말씀을 전하기에 앞서 "그리스도를 경외함으로 피차 복종하라"고 했습니다(엡 5:21). 복종은 아내만 하는 것이 아닙니다. 남편도 아내에게 복종해야 합니다. "아내를 사랑하라"고 하지만 그 사랑도 결국은 복종하는 것입니다. 이 교회 오빠는 자신에게 복종하지 않는 아내의 죄만 보았지, 아내에게 복종하지 않는 자기 죄는 보지 못했습니다.

진정한 영적 리더십은 희생과 섬김을 포함하는 것입니다. 그러므로 한 가정의 리더인 남편에게는 생명을 내놓는 희생과 섬김, 사랑이 요구됩니다. 그 마음에 그리스도의 사랑이 있어야 하죠. 그래서 '주께 하듯' 아내에게 복종하고, '주께 하듯' 사랑해야 하는 것입니다.

결혼은 내가 사랑받고, 도움받고, 이해받기 위해 하는 것이 아닙니다. 서로의 무거운 짐을 더 많이 지기 위해 하는 것입니다. 내 짐을 떠맡기는 게 아니라 내 짐은 물론 배우자의 짐까지도 잘 지고 가야 합

니다. 이런 희생과 섬김의 마음을 가지면 복종의 언어, 사랑의 언어가
절로 나옵니다.

말씀이 가정을 살린다

우리가 아무리 사랑의 언어를 써도 완전한 사랑은 하나님의 사
랑밖에 없습니다. 아무리 사랑의 언어, 복종의 언어를 써도 내가 하나
님을 모르면 다 헛된 것입니다. 믿음만이 복종과 사랑을 가능하게 합
니다. 믿음이 없으면 결국 배우자 탓만 할 수밖에 없습니다. "당신이
옳소이다"가 안 됩니다.

그런데 서로 사랑한다고 하면서도 한마음이 되지 못하는 부부가
허다합니다. 한 언어를 쓰지 못해서 상대방의 말을 못 알아듣습니다.
말씀으로 무장되지 않은 사랑은 초점이 항상 빗나갈 수밖에 없습니
다. 사탄의 사주를 받아서 옳고 그름만 따집니다. 집착하고 의심하고
관계를 틀어지게 합니다.

"당신이 아내 구실을 제대로 못 하니까 내가 바람피우는 거지",
"당신이 나를 안 돌보고 날마다 미친 듯이 일만 하니까 내가 딴 남자
를 만나는 거야", "당신이 나 몰라라 하니 나도 이제 내 갈 길 갈 거
야"……. 이렇게 사탄의 사주를 받아서 늘 상대 탓만 합니다. 그래서
"이혼만이 유일한 탈출구야" 합니다. 그러나 이것은 모두 함정입니
다. 우리는 사탄에게 틈을 내어 줄 수는 있지만, 그럼에도 그 속에 있

는 사탄의 존재를 볼 수 있어야 합니다.

그러려면 날마다 부부가 말씀을 듣고 묵상해야 합니다. 그 말씀으로 기도할 때 능력이 나타납니다. 사탄이 틈타지 못합니다. 큐티하며 내 죄만 보게 되면 '생각만 해도 짜증 나는 배우자'가 아니라 '곁에 있어도 보고 싶은 배우자'가 됩니다. 매일 같은 말씀으로 큐티하면 부부가 일주일 내내 대화할 거리도 생깁니다.

앞에서 소개한 '교회 오빠' 집사님도 이혼 소송을 당하고 아들마저 만나지 못하게 하는 고난 가운데 지체들의 권면으로 교회에서 양육 훈련을 받으며 큐티를 시작했습니다. 그러면서 자신에게 복종하지 않는 아내의 죄가 아닌, 아내에게 복종하지 않은 자기 죄가 보이기 시작했습니다. 결혼의 목적이 행복이 아닌 거룩임도 알게 되었습니다. 아내를 향한 원망과 미움도 조금씩 사라졌습니다. 급기야 '당신이 옳소이다'가 되었습니다. 자신의 거룩을 위해 아내가 수고했다는 것도 깨달아졌습니다.

이후 이 집사님은 이혼 소송이 진행된 2년여 동안 어떻게 해서라도 가정을 지키고자 노력하며 아내에게도 수없이 용서를 구했습니다. 그래서 한때는 이혼 소송이 기각되어 '이혼은 면하나 보다' 했습니다. 하지만 그 기대와는 달리 아내는 다시 항소했습니다.

가정이 회복되어 안식을 되찾고 싶었던 이 집사님은 이 사건을 통해 또 다른 깨달음을 얻었습니다. 힘든 환경 때문에 말씀과 예배를 사모하게 되는 것이야말로 진정한 안식을 얻는 길임을, 그리고 이 사건이 자신의 구원을 위해 하나님이 허락하신 사건임을 알았습니다.

그렇습니다. 이혼을 당해도 말씀으로 인생이 해석되니 죽지 않고 살아났습니다. 이제라도 말씀 앞에서 내 생각과 자존심을 다 내려놓고 매사 겸손히 복종하면 언젠가는 하나님이 이 집사님을 높이실 것입니다.

오늘날 결혼의 위기는 돈이 없는 것도 아니고 직장이 없는 것도 아니고 자녀가 없는 것도 아닙니다. 하나님을 주인으로 모시지 않는 것이 가장 큰 위기입니다. 하나님을 믿는 믿음과 하나님의 말씀을 중심으로 놓는 가정은 어떤 파도에도 휩쓸리지 않습니다.

오직 예수, 오직 믿음으로 굳게 연합해서 복종과 사랑의 언어로 서로를 섬기는 아름다운 배필들이 되기를 주님의 이름으로 축복합니다.

♥ Question & Think

Q. 나는 예비 배우자에게 어떤 말과 행동을 자주 하나요? 말로 표정으로
상대를 무시하거나 상처를 준 적은 없나요?

_____

_____

_____

_____

_____

_____

Q. 나는 형제의 어떤 것에 복종하지 못합니까? 자매의 어떤 모습을 사랑
하지 못합니까?

_____

_____

_____

_____

_____

_____

Q. 남자의 세 가지 죄는 정욕, 탐식, 나태이고, 여자의 세 가지 죄는 교만, 시기, 분노라고 했습니다. 내게 어떤 죄가 가장 심각한지 순위를 매겨 보며 상대방과 함께 나누어 보세요.

형제	자매
❶	❶ ....
❷	❷ ....
❸	❸ ....

_____

_____

_____

_____

Q. 교제하면서, 결혼을 준비하면서 크게 싸웠던 적이 있나요? 우리 커플은 어떻게 문제를 해석하고 화해했나요?

_____

_____

_____

_____

_____

❤ 우리들 묵상과 적용

우리 부부는 교제를 시작할 때부터 교회 청년부의 관심을 한 몸에 받았습니다. 학벌도 재력도 없는 저와 달리, 아내는 치과의라는 번듯한 직업에다 집도, 좋은 차도 가진 소위 '골드 미스'였기 때문입니다. 많은 이가 결혼 반대에 부딪히리라 예상했지만, 30대 후반이 되도록 신교제·신결혼만을 주장하며 수절(?)한 딸에게 드디어 남자 친구가 생겼다고 하니 장인·장모님은 두 팔 벌려 저를 환영해 주셨습니다. 게다가 결혼에는 '믿음'이 전부라며 담임목사님도 우리 커플을 지지해 주시니 제 어깨는 한껏 올라갔습니다.

그러나 담임목사님께서 주례사로 주신 "남편들아, 아내를 사랑하며 괴롭게 하지 말라"(골 3:19)는 말씀을 삶으로 살아내기까지는 눈물의 기드론 시내를 여러 번 건너야 했습니다(삼하 15:23). 우리 부부의 전쟁은 신혼여행 때부터 시작되었습니다. 첫날 밤 서로 껴안고 잠이 들었는데 일어나 보니 아내는 잔뜩 화가 나 있었습니다. "어떻게 내게 등을 보이며 쿨쿨 잘 수 있냐"는 이유였습니다.

우리 부부는 하나님께서 빨리 자녀를 주시길 바라며 열심히 노력했습니다. 드디어 아내에게 임신 소식을 듣게 된 날, 저는 너무 기뻐서 말이 나오지 않았습니다. 그러다 간신히 입을 떼 건넨 첫 마디가 "이제 아이 낳고 길러야 하니까 체력 기르러 운동 가자!"였습니다. "고맙다, 사랑한다"라는 말을 기대했을 텐데…… 이어진 아내의 폭

풍 잔소리는 어찌 보면 당연한 것이었습니다.

참, 철없는 남편이죠? 이뿐만 아니라 저는 아내와 관계가 힘들어질 때마다 일로, 게임으로 회피했습니다. 독박 육아에다 우울감까지 겹친 아내는 그런 저에게 "이혼하자"라는 말을 이따금 했습니다. 그럴 때마다 "이혼은 절대 안 된다는 목사님 말씀 못 들었어?" 하며 무시만 했지 스스로 돌아보지 않았습니다. 아내를 공감하려는 노력은 하지 않고, 되레 목장에서 아내를 고발하며 "나만 옳다" 외쳤습니다.

그러던 중 〈결혼예비학교〉 강사 제의를 받고 모처럼 아내와 우리의 결혼생활에 대해 나눴습니다. 저는 그제야 아내를 너무 외롭고 괴롭게 했다는 걸 깨달았습니다. 아내의 사랑의 언어는 '봉사'인데, 저는 집안일을 돕지는 않고 입만 살아서 나불나불 대기만 했습니다. 내가 더 많이 인내한다고 착각했는데, 아내가 뒤에서 오래도록 기다려 주고 순종하며 왔다는 걸 비로소 깨달았습니다.

이제부터라도 아내에게 사랑의 언어를 쓰려고 합니다. 설거지를 비롯한 집안일을 돕고 영적 가장으로서 역할도 충실히 하겠습니다. 이 책을 빌려 못난 남편을 이고 지고 살며 가정을 지켜 준 아내에게 사랑한다는 말을 전하고 싶습니다. 연약한 우리 부부를 말씀으로 이끌어 가시는 하나님, 감사합니다.

결혼의 위기

벼랑 끝에 선 결혼생활, 이혼만이 답일까?

포 브론슨의 『가족 쇼크』라는 책에 이런 이야기가 나옵니다. 한 부부가 이혼을 결심했습니다. 그러나 자녀들을 염려해 아이들이 대학에 들어갈 때까지만 이혼을 미루기로 했죠. 얼마나 철저히 이혼을 준비했는지, 부부는 집 안에서는 상대를 향한 험담조차 조심하고 미리 가족 상담도 받았습니다. 마침내 부부는 이혼의 꿈(?)을 이뤘죠. 양육권 다툼 없이 재산도 동등하게 분할하고 깔끔하게 헤어졌습니다. 1년 뒤 각자 재혼까지 했습니다.

어떠세요? 결혼의 위기를 만났을 때 이렇게 멋있게 헤어질 수 있다면 이혼하지 않을 사람이 없겠죠?

그러나 이 세상에 좋은 이혼이란 없습니다. 이 부부의 딸인 사라는 열아홉 살 때 부모가 헤어질 것이라는 사실을 알게 됐습니다. 이전까지는 완전무결한 부모님이라 여겼는데, 서로를 탓하며 비난하는 부모님의 모습을 보고 사라는 충격에 휩싸였습니다. 끝내 그녀는 상처를 회복하지 못했습니다. 정신이 쇠약해져 집 밖에도 나가지 못하는 상태가 되고 말았죠.

이혼이 그렇습니다. 아무리 나이스하게 갈라섰다고 해도 온 가족에게 무시무시한 공포와 상처를 남깁니다.

몇 해 전 우리들교회 〈결혼예비학교〉에서 결혼한 선배 집사 73명 (남 26, 여 47)을 대상으로 '결혼생활'과 관련한 설문조사를 한 적이 있습니다.

그 조사 결과에 의하면 많은 부부가 결혼 1년에서 3년 사이에 큰 위기를 겪었다고 해요. 그 이유도 다양합니다. 시댁이나 처가와의 갈등, 자녀 양육 방식에 대한 의견 차이, 경제적인 문제, 시도 때도 없는 잔소리, 가사 부담 문제, 대화 단절, 무시 등등……. 그래서 부부가 날마다 싸우는 게 일이라고 합니다.

"그 위기를 어떻게 넘겼느냐?"고 물었더니 그 비결 첫째가 '목장 (교회 소그룹 모임)에 나가서 현재 겪는 갈등을 나누고 말씀으로 처방받았기 때문'이랍니다. 그리고 두 번째 '내가 먼저 죄를 보고 말씀에 순종하는 적용을 했기 때문'이라고 해요. 물론 '흙 묻은 대파를 음식에 그대로 넣는 등 나만 아는 복수를 하고, 침묵하고 어영부영 그냥 넘어갔다'는 웃지 못할 대답을 한 분도 계셨습니다.

중요한 사실은 이혼으로 결혼의 위기를 벗어났다는 분은 단 한 사람도 없었다는 점입니다. 역시 믿음의 공동체 출신 부부들답지 않습니까? 날마다 제가 "이혼은 안된다. 결혼은 지킬 만한 가치가 있다!"라고 부르짖었더니 모두 믿음으로 잘 따라와 줬습니다.

가정의 소중한 가치

하나님은 제가 평신도 시절부터 30년 넘게 사역하는 동안 외도와 경제 문제 등으로 이혼을 결심했던 사람들이 하나님의 말씀으로 변화되고 다시 하나가 되는 모습을 수도 없이 보여 주셨습니다. 그래서 저는 지금까지 그 무엇보다 결혼을 지키고 가정을 회복시키는 일을 절체절명의 사명으로 알고 걸어왔습니다. 목숨을 걸고(?) '이혼 불가'를 외쳤습니다.

예수 믿고 교회를 다녀도 이혼하는 경우가 적지 않습니다. "이혼하지 말라" 하면 오히려 "그게 왜 문제냐?" 하고 반문합니다. 거부감을 느낍니다.

제가 하도 이혼 불가를 외치니 "그럼 이혼한 사람은 어떡하냐, 우리들교회에 못 다니냐?" 하고 따져 묻는 분도 계십니다. 하지만 우리들교회에는 이혼하고 혼자가 되어서 오신 분도 많습니다. 제가 이혼한 사람을 미워한다면 어찌 그럴 수 있겠습니까.

제가 주창하는 '이혼 불가'를 흑백논리로 보아서는 안 됩니다. 이혼을 안 해야 하나님의 뜻을 지키는 것이고, 이혼하면 죄인이라는 말이 아닙니다. 우리 인생의 목적, 결혼의 목적, 가정의 목적이 영혼 구원이기에 이혼할 수도 있고, 안 할 수도 있습니다.

그럼에도 끝까지 이혼하지 않고, 결혼을 지켜야 하는 이유가 무엇일까요?

| 구원 때문에 묶어 주신 공동체이기에

마태복음 19장을 보면, 예수께서 갈릴리를 떠나 요단강 건너 유대 지경에 이르시자 큰 무리가 따릅니다. 예수님은 그곳에서 그들의 병을 고치시죠. 그런데 그때 바리새인들이 나아와 "사람이 어떤 이유가 있으면 그 아내를 버리는 것이 옳으니이까?" 하고 예수님을 시험합니다.

당시에는 어떤 이유로도 이혼할 수 있다는 힐렐파의 주장과 간음 외에는 이혼이 불가하다는 샴마이파의 주장이 대립했습니다. 그래서 '이혼이 불가하다'라고 하면 '죄인의 친구'라고 하는 예수님이 위선자가 되고, '이혼이 가능하다'라고 하면 신학적으로 문제가 될 상황입니다.

특히나 답을 잘해야 하는 것이, 당시 세례 요한이 동생의 아내 헤로디아를 아내로 삼은 분봉 왕 헤롯 안티파스에게 충고했다가 목 베임을 당한 지 얼마 안 된 때였기 때문입니다. 그러니까 "이혼이 잘못됐다" 하려면 목숨을 걸어야 했습니다. 지금도 그렇습니다. 모든 것을 갖춘 사람에게 이혼이 잘못이라고 말하기 어렵습니다. 이야말로 함정 같은 질문입니다.

한쪽에서는 큰 무리가 구원받고자 예수님을 따르는데, 바리새인들이 이토록 집요하게 예수님을 함정에 빠뜨리고자 한 이유가 무엇일까요? 예수님에게 점점 큰 무리가 모이면 자신들이 가진 기득권을 잃을 게 뻔했기 때문입니다. 그 기득권 뒤에는 돈이 있습니다. 구원에는 관심 없고 오직 자기들의 유익에만 급급합니다.

부부가 이혼하는 과정을 지켜보아도 그렇더군요. 많이 배운 사람일수록 상대방을 올무와 함정에 빠뜨리고자 증거자료를 악착같이 수집합니다. 한편에서는 위자료를 한 푼이라도 더 안 주려고 애를 쓰고, 다른 한편에서는 한 푼이라도 더 받으려고 애를 씁니다.

이혼 소송의 끝에도 결국 돈이 있습니다. 부부싸움도 예외가 아닙니다. 어떻게 하면 저 사람의 잘못을 끄집어낼까 궁리하며 원수처럼 여깁니다. 바리새인들과 다를 바 없습니다.

하지만 예수님이 바리새인들에게 하신 말씀이 무엇입니까?

4 예수께서 대답하여 이르시되 사람을 지으신 이가 본래 그들을 남자와 여자로 지으시고 5 말씀하시기를 그러므로 사람이 그 부모를 떠나서 아내에게 합하여 그 둘이 한 몸이 될지니라 하신 것을 읽지 못하였느냐 6 그런즉 이제 둘이 아니요 한 몸이니 그러므로 하나님이 짝지어 주신 것을 사람이 나누지 못할지니라 하시니_마 19:4~6

예수님은 먼저 창조 원리를 통해 결혼의 참뜻을 말씀하십니다. 남녀가 동등한 것이 본래 하나님의 뜻이고, 둘이 한 몸을 이루는 것이 하나님의 명령입니다. 여자는 종이 아닐뿐더러 내키는 대로 버려도 되는 존재는 더욱 아닙니다.

2강에서도 언급했지만 "한 몸이 될지니라"는 말씀은 명령어입니다. 정신적 결합뿐 아니라 육체적·영적 결합을 통해서 구체적으로 슬픔과 기쁨을 같이 느끼는 전인격적인 공동체가 되라는 것입니다.

또한 6절에 '짝지어'라는 말은 "함께 멍에를 멘다"라는 뜻입니다. 같은 목표를 바라보면서 무거운 짐을 지고 가는 것입니다. 부부가 왜 함께 멍에를 메야 합니까? 서로의 구원을 위해서, 서로의 거룩을 위해서입니다.

하지만 실상은 어떻습니까? 우리 주변에 한 몸이 되어서 같은 목표를 바라보며 가는 부부가 얼마나 될까요? 다들 자기 생각만 가지고 제 갈 길로 가려고 하지 않습니까? 그러니 날마다 다툼과 갈등에 사로잡힙니다. 그러면서 마치 바리새인들처럼 "어찌하여 모세는 이혼 증서를 주어서 버리라 명하였나이까"(마 19:7) 하며 이혼을 합리화하려 합니다.

바리새인들이 이혼의 근거로 제시한 구절은 신명기 24장 말씀입니다.

"사람이 아내를 맞이하여 데려온 후에 그에게 수치되는 일이 있음을 발견하고 그를 기뻐하지 아니하면 이혼 증서를 써서 그의 손에 주고 그를 자기 집에서 내보낼 것이요"(신 24:1).

하지만 이 말씀의 참뜻은 "이혼해도 괜찮다"가 아닙니다. 당시에 여자는 남편한테 쫓겨나면 재산도 없고 생활력도 없어서 다른 남자와 재혼하는 수밖에 없었습니다. 그런데 여자가 재혼했을 때 전남편이 고발하면 간음죄가 되어서 돌로 쳐 죽임을 당해도 할 말이 없었습니다. 그래서 이혼 증서를 써 주면 재혼할 수 있으니까, 여자를 보호하기 위해, 구원을 위해 이런 법을 주신 것입니다.

우리는 이와 같은 '본래' 뜻을 잘 알아야 합니다. 이를테면 부모가 형제끼리만 두고 집을 비우면서 "동생이 말을 안 들으면 때려 주라" 했다고 합시다. 부모의 본래 마음은 '말 안 들으면 때려 주라'는 것이 아닙니다. 형이 동생을 사랑으로 돌봐 주기를 바라는 것이죠. 동생의 구원을 위해서입니다.

모세가 "이혼 증서를 내주라"고 한 것도 바로 이런 마음입니다. 그럼에도 당시 사람들은 이 말씀을 악용해서 이혼을 장려하고 합리화했습니다.

창세기에는 이혼이라는 말이 아예 나오지 않습니다. 죄가 관영貫盈해진 신명기에 가서야 이 법을 주셨습니다. 그러므로 이 법은 결코 장려할 것이 못 됩니다. 악용하면 안 됩니다. 구원이 목적인 본래의 참뜻을 잘 알아야 합니다.

| 나의 거룩을 이루기 위한 축복의 통로이기에

이혼은 두 사람이 헤어진다고 끝나는 문제가 아닙니다. 한때 부모 형제로 맺어졌던 사람들과도 헤어져야 합니다. 자녀가 있는 경우는 더 심각합니다. 할머니와 고모, 이모와 삼촌이었던 사람이 하루아침에 남이 되고 원수가 됩니다. 그러니 그 자녀들에게 상처와 충격이 얼마나 크겠습니까. 이혼 과정에서 부모가 서로를 헐뜯고 미워하고, 친가와 외가가 서로 으르렁대는 걸 보면서 자녀들이 얼마나 혼란스럽고 상처받는지 모릅니다.

그러므로 음행과 같은 심각한 잘못을 저지른 배우자라도 다시 가정으로 돌아온다면 용서하고 받아들여야 합니다. 일곱 번을 일흔 번까지라도 용서해야 해요(마 18:22). 음행과 간음을 싫어하는 주님이시지만, 남편이 여럿이었던 사마리아 여인을 만나 주셨고 간음하다 현장에서 붙잡힌 여자에게도 돌을 던지지 않고 용서하셨습니다.

마태복음 1장 예수님의 계보를 보면 기생 라합과 시아버지와 동침한 다말이 예수님의 조상으로 올랐습니다. 주님은 죄를 보지 않고 사람을 보십니다. 어떤 음행과 죄를 지었더라도 회개하는 자를 용서하고 받아 주십니다. 그 사랑과 용서를 내가 경험했다면 잘못을 저지른 배우자에게도 베풀어야 합니다.

당시에는 신명기 24장 말씀을 악용해서 밥만 태워도 아내로서 수치되는 일이라며 내쫓았습니다. 다른 여자가 생기면 온갖 죄목을 갖다 붙여 내쫓았습니다. 상황이 이렇다 보니 예수님의 제자들까지 이혼할 수 없다면 차라리 결혼하지 않는 게 낫다고 말합니다(마 19:10). 그러자 예수님이 뭐라고 말씀하셨나요?

"예수께서 이르시되 사람마다 이 말을 받지 못하고 오직 타고난 자라야 할지니라 어머니의 태로부터 된 고자도 있고 사람이 만든 고자도 있고 천국을 위하여 스스로 된 고자도 있도다 이 말을 받을 만한 자는 받을지어다"(마 19:11~12).

"이 말을 받을 만한 자는 받으라"는 말씀은 인간의 힘으로는 안 된다는 의미입니다. 그러니 각자 자기 분량대로 받으라는 것입니다. 사도 바울도 '할 수 있다면' 혼자 살라고 했습니다. 혼자서도 주의 일

결혼의 위기

을 얼마든지 할 수 있습니다. 그러니 인생의 초점을 오직 결혼에만 맞출 필요는 없습니다.

하지만 주님은 우리의 연약함을 아시기에 결혼이라는 제도를 주셨습니다. 결혼은 음욕과 부정을 제어하는 방지턱입니다. 타고나기를 성욕이 없는 사람, 고자 된 사람, 스스로 성욕을 제어할 수 있는 사람은 극소수입니다. 대부분 정욕을 제어하지 못하니까 하나님께서 결혼제도를 만드셨습니다. 결혼제도는 아무 데나 가서 음욕을 부리지 말고 거룩을 위해서 한 사람에게 충실하라고 주신 것입니다.

이렇듯 결혼은 하나님의 섭리 속에서 나의 거룩을 이루기 위한 축복의 통로입니다. 그러므로 내 배우자에게 어떤 문제가 있을지라도 이혼해선 안 됩니다. 그 한 몸을 나누려는 시도조차 해서도 안 됩니다. 결혼생활이 힘들다고 가출로, 이혼으로 내 집을 떠나는 순간 반쪽 인생이 될 수밖에 없습니다. 또 다른 반쪽을 찾아 재혼한다고 나아지지 않습니다. 재혼해도 나의 반을 버려야 하고, 또 다른 반을 채워야 합니다. 그러니 힘든 건 매한가지입니다.

| 별 인생 없기에

제가 때마다 "이혼은 안된다. 재혼은 아프리카 선교보다 힘들다" 했더니 언젠가 이혼하고 재혼하신 한 분이 불편한 심기를 털어놓았습니다.

"저는 이혼했어도 별 어려움이 없었고, 재혼해서도 행복하게 살고 있는데 왜 자꾸 이런 말씀을 하십니까? 어떨 땐 설교를 듣다가 뛰쳐나가고 싶습니다."

저는 이분의 심정도 충분히 공감합니다. 이혼과 재혼을 했어도 어려움을 겪지 않은 분에게 이런 말이 이해되지 않는 것은 당연합니다. 우리가 모두 이분처럼 탈 없이 살 수 있다면 얼마나 좋겠습니까!

하지만 참으로 변하기 힘든 것이 사람입니다. 힘든 배우자를 피해서 이혼하고 다른 사람을 만나면 결국은 또 다른 포로생활이 시작될 뿐입니다. 그리고 포로기를 제대로 거치지 않으면 그만큼 하나님 나라를 사모하기도 힘듭니다. 인생의 포로기를 거치면서 별 인생이 없다는 걸 깨달아야만 저절로 하나님 나라를 사모하게 되는 것입니다.

우리들교회에는 결혼도 두 번, 이혼도 두 번 하신 여집사님이 계십니다. 대학 1학년 때 사고(?)를 쳐서 일찍 결혼했는데 남편은 엘리트 교사였습니다. 그런데 결혼하고 보니 심한 우울증을 앓고 있었습니다. 아들딸을 낳고 10년을 살았지만, 우울증이 나아지지 않는 남편이 너무 힘들어 끝내 집사님은 이혼을 결심했습니다. 그러곤 얼마 후에 자신을 너무나 사랑해 주는 부유한 남자를 만나 재혼했습니다. 그런데 그 남편은 알코올의존자였습니다. 겪어 보니 우울증보다 훨씬 더 힘든 병이 알코올의존증이었습니다. 돈이 아무리 많아도 도저히 못 살겠다며 집사님은 두 번째 남편과도 이혼했습니다.

우울증, 알코올의존증인 배우자가 아무리 힘들어도 우리는 하나님께서 허락하신 처음 십자가를 잘 지고 가야 합니다. 그 배우자가 싫어서 이혼하면 다른 어떤 사람을 만나도 못 견디고 또 헤어지게 됩니다. 황금 십자가가 화려해 보여서 나무 십자가를 내려놓고 황금 십자가로 바꿔 지면 무거워서 쓰러집니다. 향기가 아름답다고 장미 십자가로 바꿔 지면 가시에 찔려 피를 흘리게 됩니다. 재혼이 새로운 행복을 가져다줄 것 같아도 각자 상처로 만난 두 사람이기에 '불행한 나'와 '불행한 너'가 만나 '불행한 우리'밖에 안 됩니다.

남아프리카공화국 최초의 흑인 대통령이자 노벨평화상을 받은 만델라는 기가 막힌 27년의 감옥생활을 견디고도 가정생활을 견디지 못해 세 차례나 이혼을 했습니다.

첫 번째 결혼은 굉장히 가정적인 부인과 했는데 정치를 말린다고 이혼했습니다. 두 번째 부인은 정치적 동지였습니다. 같이 옥살이 한 적도 있고, 27년간이나 만델라의 옥바라지를 했습니다. 무려 38년을 같이 살았죠. 그런데 자기가 감옥에 갇혀 있을 때 부인이 외도 한 번 했다는 이유로 이혼했습니다. 그 후 나이 여든이 되어 모잠비크 대통령의 미망인과 세 번째 결혼을 했습니다.

저는 애초부터 만델라가 조강지처를 설득하면서 기다려야 했다고 생각합니다. 하지만 그는 그러지 못했습니다. 불굴의 투사로서 아프리카는 지켰을지언정 가정은 지키지 못했습니다. 그러니까 감옥생활보다 더 힘든 것이 결혼생활 맞습니다. 결혼은 아프리카 감옥생활보다 어렵고, 재혼은 아프리카 선교보다 어렵습니다.『화성에서 온 여자 금성에서 온 남자』의 저자 존 그레이도 이혼을 하고 나서 그 책을 썼다죠. 결혼을 지킨다는 것이 이토록 어렵습니다.

그렇다면 이미 이혼하고 재혼한 인생은 어찌합니까? 이제부터

라도 그 재혼 가정을 지키기로 결단하면 됩니다. 더 이상 돈 없고 외롭다고 다른 사람 찾아다니지 말고, 돈 없고 외로운 그 환경에서 나에게 허락된 가정을 잘 중수重修해야 합니다.

성경에도 재혼한 여인 이야기가 나옵니다. 바로 다윗의 둘째 아내 아비가일입니다. 아비가일은 남편인 나발이 죽은 후에 다윗의 아내가 되었습니다(삼상 25:42). 그런데 아비가일은 다윗의 아내가 된 후에도 '나발의 아내'라는 꼬리표가 계속 붙어 다녔습니다. 왜 그럴까요?

남편이 죽었더라도 그녀가 계속 나발의 아내로 살았어야 함을 보여 주는 것이 아닐까 합니다. 더구나 아비가일은 재혼한 뒤로 재미없는 인생을 살았던 것 같아요. 다윗과 재혼할 때는 나름 믿음으로 결단했겠지요. 왜냐하면 당시 다윗은 가난했고 광야를 떠돌던 인생이었습니다. 그러니 돈 때문이 아니라 오직 믿음으로 다윗의 아내가 되었을 것입니다. 블레셋 시글락에서 잠시 행복하게 사는 듯했지만, 아비가일은 아말렉으로 사로잡혀가서 험한 꼴을 당했습니다(삼상 30:5). 이후 다윗은 유다 왕이 되고 7년에 걸쳐 무려 네 명의 여자를 얻어 들이죠. 대략 1년 6개월마다 새 여자를 얻은 셈이니 아비가일은 '내가 뭣 하러 재혼했나?' 했을 것입니다.

당시 법에 의하면 여자는 남편이 죽었어도 6개월이 지나야 재혼을 할 수 있었습니다. 그 법까지 어겨가면서 다윗이 아비가일과 재혼했는데 금세 마음이 변해서 열심히 다른 여자를 얻어 들인 것입니다. 게다가 다윗과의 사이에서 낳은 아들이 일찍 죽어 아비가일은 영적 계보를 잇지도 못했습니다.

그렇다면 이쯤에서 질문을 하나 던져 봅니다. 힘든 남편이 죽고 과부가 된 아비가일을 얼른 데려가 준 젠틀한 다윗, 그 젠틀함으로 열심히 다른 여자를 만나고 다니는 다윗이 좋은 남편일까요? 치졸하고 야비해도 아비가일 한 사람만 바라보던 나발이 좋은 남편일까요? 둘 중 한 사람을 고르라면 누구와 살겠습니까? 사실 둘 다 힘든 사람입니다. 둘 다 좋은 남편이 아니기는 마찬가지입니다. 그러니 이 땅에서 완벽한 결혼은 어디에도 없다는 것을 알아야 합니다.

제가 남편을 먼저 떠나보낸 후 과부로 살았기에 아비가일에게 다윗하고 사는 게 어땠는지 천국에서 만나면 꼭 물어볼 생각입니다. 남편이 죽자마자 다윗에게 시집간 아비가일의 선택이 최선이었을까요? 이 재혼이 너무 파격적이었기 때문에 사람들이 재혼을 쉽게 생각할까 봐 성경은 아비가일의 인생에 더 이상 초점을 두지 않습니다. 힘든 남편이 죽었다고 재혼해서 무조건 잘 살았다면 다들 '나도 힘든 남편 버리고 다윗 같은 남자를 만나야지' 이러지 않겠습니까.

아비가일이 현숙함과 지혜로 다윗을 살리고 그의 아내까지 됐는데 나발의 집을 떠나는 순간부터 영적으로 침체됐습니다. 다윗이 사울을 피해 블레셋 땅 시글락으로 도망하는 것을 아비가일이 말리지 않은 것만 보아도 그래요. 나발이 다윗을 죽이려고 할 때 믿음을 따라 목숨 걸고 막았던 아비가일인데, 다윗과 결혼하고 보니 배부르고 등이 따셔서 다윗의 시글락행을 막지 않았습니다. 아비가일은 나발의 아내였을 때가 믿음의 전성기였습니다.

힘들다고 이혼하고 재혼해도 이 땅의 삶에는 별 인생이 없습니다. 각자 자기 몫의 십자가가 있습니다. 현재 배우자가 힘들다고 이혼하고 다른 배우자를 찾으려 하는 것은 주님이 고르고 골라서 내게 딱 알맞게 주신 십자가를 버리는 것과 다름없습니다. 내가 어떻게 살고 있는지 주님이 보시고 누구보다 아파하십니다. 그리고 그 주님이 함께 하시기에 힘든 환경도 피하지 않고 견딜 수 있는 것입니다. 아비가일은 인간의 사랑이 얼마나 덧없는지 보여 주는 역할 모델을 했다고 생각합니다.

제가 삼십 대에 과부가 되었으니 많은 사람이 "왜 혼자 사느냐?"고 물었습니다. 그런데 열심히 성경을 읽다 보니 재혼이 답이 아님을 알게 되었습니다. 재혼한다고 해서 무슨 좋은 것이 있었겠습니까. 나발 같은 남편하고 사는 것도 힘들었는데 다윗이 너무 좋아서 살다가 배반까지 당하면 어쩌겠습니까. 좋은 배필, 나쁜 배필 따로 없습니다. 하나님이 나에게 허락하신 사람이 최고의 배필입니다.

| 결혼에는 옳고 그름이 없기에

고린도전서 7장에서 바울은 결혼한 자들에게 "갈라서지 말라"고 명합니다. 아내와 남편을 '버리지 말라'는 얘기를 무려 세 번이나 반복하죠(고전 7:10~13). 이어서 그 이유를 설명하는데, '믿지 아니하는 남편이 아내로 말미암아 거룩하게 되고, 믿지 아니하는 아내가 남편으로 말미암아 거룩하게 되기' 때문이라고 합니다. '그렇지 아니하면 우리 자녀도 깨끗하지 못하게 되기' 때문이라 합니다(고전 7:14).

저는 주례사를 할 때마다 "아니라고 생각되면 결혼식 한 시간 전이라도 파혼해라. 그러나 결혼하고 나면 절대 이혼하면 안 된다. 혼인을 선포하고 나면 그 순간부터 이 가정을 지켜야 한다"라고 말합니다. 결혼식에서 왜 이혼 이야기를 하느냐고요? 이 땅의 가정을 지키는 것이 저의 사명이기 때문입니다.

다시 한 번 강조하지만, 우리 인생의 목적이 그렇듯이 결혼의 목적도 행복이 아닌 거룩입니다. 인생도 결혼도 개인의 행복이 아니라 하나님이 원하시는 거룩을 목적으로 삼을 때 행복은 저절로 따라옵니다. 행복을 찾으면 불행해지지만 거룩을 구하면 행복해집니다.

교회 열심히 다니던 자매가 믿는 가정에서 자란 형제를 만나 결혼했습니다. 그런데 결혼 후 남편은 교회도 안 나가고, 생활비도 안 주고, 술과 도박을 즐겼습니다. 그래도 자매는 두 아이를 데리고 교회를 열심히 다녔습니다. 새벽기도, 수요예배, 주일예배, 철야예배를 빠지지 않았습니다. 성가대도 열심히 섬겼습니다. 그러나 남편은 변함없이 자매를 힘들게 했죠.

어느 날 점점 지쳐 가던 자매의 눈에 한 남자가 들어왔습니다. 성가대 지휘자인 그는 믿음도 있고 돈도 많고 너무 멋있어 보였습니다. 결국 자매는 이혼하고 아이 둘을 데리고 그 집을 나왔습니다. 심지어 성가대 지휘자는 가정이 있는 유부남이었습니다. 그럼에도 이혼도 안 하고 자매와 살림을 차렸습니다. 이 자매의 삶이 어떻게 됐을까요?

지금 제가 "이 자매가 옳다 그르다, 남편이 잘못이다" 이런 이야기를 하려는 게 아닙니다. 배우자가 괴롭힌다고, 때린다고, 돈 안 준다고 "나는 더 이상 이 사람과 못 살겠다" 하면 같이 살 사람이 누가 있겠습니까? 결혼생활에는 '옳고 그름'이 없습니다. 나 자신의 욕심과 죄를 깨달으라고 내게 힘든 배우자를 붙이셨습니다. 하나님께서 허락하신 구원의 세팅이자 훈련이요, 징계입니다. 이걸 세상 방법으로 피해 보겠다고 하면 더 힘든 일이 기다리고 있습니다.

그런데 우리는 툭하면 "이젠 끝났다"라고 합니다. 어려운 일에 부딪히면 포기할 생각부터 먼저 합니다. 스스로 삶을 끝내기도 합니다.

결혼생활도 마찬가지입니다. 갈등이 생기면 상대를 비난하는 데 모든 초점을 맞춥니다. 부부 사이를 이간질하며 호시탐탐 가정을 깨트리려는 사탄의 세력을 인식하지 못합니다. 그러니 그 사탄의 계략에 휩쓸려 "여기서 끝장내자" 합니다.

결혼생활에 위기가 찾아왔을 때 우리가 현혹되기 쉬운 거짓말은 '이 관계는 더 이상 해결책이 없다'라는 것입니다. 이혼만이 유일한 탈출구라 생각합니다. 그러나 이것은 모두 함정입니다. 가정을 지키려면 이런 미혹을 이겨 내야 합니다.

그런데 우리가 어찌 그 유혹을 이겨낼 수 있을까요? 문제 많은 남편임에도 '위대한 결혼'을 지킨 아브라함의 아내 사라, 남편에게 사랑받지 못해도 그 인생이 '후한 선물'임을 고백한 야곱의 아내 레아의 결혼생활을 통해 그 지혜를 구해 봅니다.

결혼의 위기 앞에서, 실전 I : 사라의 '위대한 결혼'

우리 인생에서 가장 어려운 프로젝트를 꼽으라면 저는 '결혼'이라고 말하고 싶습니다. 배우자를 찾기도 어려운데, 고르고 골라서 결혼한 배우자와 끝까지 살아내는 건 더 어렵습니다. 아브라함의 아내 사라가 그랬습니다.

성경 여러 곳에 언급되었듯 사라는 외모가 아름다웠습니다. 그로 인해 아브라함은 행여 권세자들이 사라를 탐내서 자신을 죽이지는 않을까 두려워했습니다. 그래서 애굽에 들어갈 때나 그랄 왕 아비멜렉 앞에서 "그대는 나의 누이라 하라"며 사라에게 다짐 아닌 다짐을 시켰습니다(창 12:13, 20:2). 이 말이 무슨 뜻입니까? "내 누이라고 하면 당신은 데려가도 나는 안 죽일 거야" 하는 것입니다.

정말 사라를 걱정했다면 '어떻게 해야 내 아내를 안 빼앗길까' 고민하는 게 마땅하지 않습니까? 그런데 성경에는 아브라함이 그런 걱정을 했다는 말씀이 없습니다. 게다가 애굽 왕 바로가 사라를 첩 삼고자 데려가든지, 그랄 왕 아비멜렉이 데려가든지 "아내를 보호해 달라"고 기도했다는 말씀도 없습니다. 그저 자기가 살려고 "원하건대 그대는 나의 누이라 하라 그러면 내가 그대로 말미암아 안전하고 내 목숨이 그대로 말미암아 보존되리라"는 말뿐입니다(창 12:13). 이런 야비한 남편이 어디 있습니까. 사라가 얼마나 배신감을 느꼈을까요?

아브라함이 하갈을 첩으로 들인 것도 그렇죠. 종을 통해서라도 아들을 낳으려는 사라의 뜻이긴 했지만, 아브라함이 하갈을 참 좋아한 것 같습니다. 하갈에게서 잘난 아들 이스마엘을 낳고서 16년간이나 붙어살았습니다. 그러니 하갈이 사라를 멸시하기까지 했죠(창 16:4). 아무리 첩이라도 어찌 종이 여주인을 무시할 수 있겠습니까. 다 하갈을 끼고돈 아브라함 때문입니다.

후처 그두라도 그래요. 성경은 '후처'라고 표현했지만(창 25:1) 종교개혁가 칼빈은 사라가 아직 살아 있을 때 아브라함이 그두라를 첩으로 얻었으리라고 보았습니다. 그러다 사라가 죽은 후 후처로 승격된 것이죠.

이런 관점으로 보자면 이 또한 그냥 지나칠 일이 아니지 않습니까? 더욱이 그두라가 아들을 무려 여섯이나 낳았다는 건 그만큼 아브라함이 문지방 닳도록 그두라의 장막을 드나들었다는 겁니다. 그런 남편을 바라보면서 사라 속이 어땠겠습니까. 외로운 것을 넘어서 참담하지 않았을까요. 남편 하나 믿고 떠나왔는데 말입니다.

하지만 사라는 이런 남편 아브라함을 이고 지고서라도 끝까지 가정을 지켰습니다. 남편 아브라함을 여러 민족의 아버지로, 아들 이삭을 믿음의 자녀로 이끌었습니다.

그렇다면 사라는 어떻게 결혼을 지킬 수 있었을까요?

| 사라는 남편을 원하고 사모하는 벌을 잘 받았습니다

하나님은 여자에게 평생 남편을 원하고 사모하는 벌을 주셨습니다(창 3:16). 이 축복의 벌을 잘 받는 것이 거룩을 이루는 길이고, 가장 위대한 일입니다. 사라도 이 축복의 벌에 순종하여 평생 아브라함 곁을 지켰습니다.

결혼은 인간적인 사랑으로 좌지우지되는 것이 아닙니다. 그래서 결혼의 목적은 행복이 아니라 거룩인 것입니다. 사라가 이것을 알았습니다. 그래서 묵묵히 아브라함을 기다렸습니다. 비록 남편에게 사랑받지 못해도 남편을 사모하는 걸 포기하지 않았습니다. 사라는 자신의 힘으로는 할 수 있는 일이 없기에 날마다 기도하면서 마침내 예수 신랑을 만났을 것입니다. 주님의 사랑을 깨달은 후로 인간의 사랑은 아무것도 아님을 알게 됐을 것입니다. 그때부터 그녀는 입을 다물게 되었습니다. 하나님의 사랑이 들어가서 사라가 예수를 온몸으로 보일 수 있었습니다. 즉, 하나님이 사라를 위대하게 만드신 것입니다.

저도 예수 신랑을 만난 후로는 인간의 사랑이 초개같이 보였습니다. 물론 남편에게 무시당할 때마다 자존심이 상했지요. 그러나 예수님을 깊이 만난 후부터는 '절대 이혼은 할 수 없다'는 걸 철칙처럼 알고 지켰습니다. 예수님이 나의 신랑이시고, 내가 이 땅의 사랑과는 비교할 수 없는 주님의 사랑 안에 있는데 무엇이 두렵겠습니까.

그러니 여러분, 배우자에게 사랑 좀 못 받는다고 큰일 난 것처럼 그러지 마세요. 하갈과 그두라가 아브라함의 사랑을 듬뿍 받았지만, 그 사랑이 진짜 사랑은 아니라는 말입니다. 남편 사랑 못 받고 아들 이삭도 비실비실하니까 사라가 여러 민족의 어머니가 되지 않았습니까? 이 땅의 사랑은 잠시요, 하나님의 사랑은 영원합니다. 이런 참사랑을 보여 주는 자가 위대한 결혼의 주인공입니다.

가장 복된 결혼은 한 남편, 한 아내로 자리매김하기 위해 숱한 고통을 치르며, 내 힘으로 할 수 없어서 하나님만 부르짖으며 가는 것입니다. 위대한 결혼은 우리가 알고 있는 결혼의 모든 고정관념을 깨뜨립니다. 남편이 돈 잘 벌어서, 아내가 예뻐서, 자식이 잘되어서 위대한 결혼이 아닙니다. "하나님만이 이 가정을 이끌어 가실 수 있다"고 고백하며 하나님께 내 가정을 맡겨 드리는 것이 위대한 결혼입니다.

| 사라는 남편 고난, 자녀 고난에 순종했습니다

사실 아브라함과 사라는 배다른 남매지간입니다. 태어나면서부터 함께 살다가 결혼했습니다. 그러다 보니 하나님이 사라와 살라고 하셔서도 아브라함에게는 아니라고 생각되는 게 있었을 겁니다. 그래서일까요? 사라가 딱 버티고 있는데도 하갈과도 그두라와도 너무 잘 먹고 잘 삽니다. 남자는 해산의 고통을 모르니까 여자 얻기를 쉽게 생각하는 것 같습니다. 결혼도, 재혼도, 외도도 쉽게 생각합니다. 남자는 대부분 경제적 능력 때문에 결혼을 망설이는데 아브라함은 재물에 능력까지 갖추었으니 그런 걱정도 없습니다. 여러 여자 마다할 이유가 없습니다.

그러니 사라는 생각하면 생각할수록 분했을 겁니다. '저 남편은 내가 죽어도 눈 하나 깜짝하지 않겠구나' 하지 않았을까요? 내 남편이 첩을 들여 아들까지 낳고 알콩달콩 사는 모습을 눈앞에서 지켜보았다고 생각해 보세요. 우리는 정말 자존심이 상해서 살 수가 없습니다.

그렇게 사라는 인생의 낙이라고는 없이 살다가 127세에 죽습니다. 아들 이삭이 장가가는 것도 보지 못합니다. 우리가 생각하기에는 슬픔의 인생, 속만 끓다 간 여인 같습니다. 그러나 하나님은 이런 사라를 여러 민족의 어머니로 세우셨습니다. 하갈도 아니고, 그두라도 아닙니다. 성경이 '사라'를 여러 민족의 어머니로 기록하는 것은 이런 총체적 고난 가운데서 그녀가 우리에게 진정한 사랑을 보여 주었기 때문입니다.

베드로 사도는 이런 사라를 순종하는 아내의 표상으로 제시합니다(벧전 3:6). 매사 옳고 그름으로만 따졌다면 사라가 어찌 아브라함에게 순종할 수 있었겠습니까. 그러나 결혼의 목적은 행복이 아니라 거룩이기에 사라가 아브라함을 기다렸습니다. 어떤 일도 내 힘으로 이루어지는 것이 아님을 알고 묵묵히 기다렸습니다. 그래서 아브라함이 결정적인 순간마다 사라의 말을 듣습니다. 아브라함으로 하여금 이스마엘을 내쫓고 약속의 땅 헤브론에 매장지를 사게 한, 그리하여 아브라함을 여러 민족의 아버지 반열에 올려놓은 구속사의 교두보橋頭堡 역할을 사라가 했습니다. 그러니 사라가 죽은 후에도 아브라함은 항상 사라를 생각하지 않았을까요?

아들 이삭이 리브가를 아내로 맞이할 때도 '사라의 장막'으로 그녀를 들였다고 했습니다(창 24:67). 사라가 믿음의 어머니라고 이삭이 인정한 것입니다.

베드로 사도는 사라를 순종의 표상으로 제시하기에 앞서 "아내들아 이와 같이 자기 남편에게 순종하라 이는 혹 말씀을 순종하지 않는 자라도 말로 말미암지 않고 그 아내의 행실로 말미암아 구원을 받게 하려 함이니"라고 했습니다(벧전 3:1).

왜 이런 말을 했을까 생각해 보니 사라가 순종할 수 없는 것을 순종했기 때문입니다. 아브라함이 조강지처도 돌보지 않는 치졸한 인간이어도 한 사람 사라가 중심을 잘 잡았기에 아브라함의 이름이 여러 민족의 아버지, 믿음의 조상으로 영원히 빛나게 되었습니다. 가정에서 나 한 사람만 중심 잘 잡고 있으면 내 남편, 내 아내, 내 자녀도 믿음의 조상으로 우뚝 서게 될 줄 믿습니다.

| 사라는 요동하지 않았습니다

결혼은 책임입니다. 인간적인 사랑으로 좌지우지되는 것이 아닙니다. 아브라함이 첩을 둘이나 두었어도 사라가 믿음의 여인으로 우뚝 서니까 내 가정을 예수님의 조상 되게 하는 축복을 가져왔습니다.

아브라함이 그두라에게서 아들을 낳아도, 연약한 이삭을 두고 떠나면서도 사라가 걱정했다는 이야기가 없습니다. 그두라를 미워했다는 말도 없습니다. "당신 왜 그러냐" 한마디도 없이 요동하지 않고 세상을 떠났습니다. 이런 삶이 진정 거룩을 이룬 위대한 인생이 아니겠습니까.

저 또한 남편에게 애틋한 사랑을 받지 못했습니다. 그런데 그런 남편 때문에 요동하지 않고 말씀에 매달렸더니 하나님을 깊이 만날 수 있었습니다. 그러자 제 안에 남편에 대한 진정한 사랑이 생겼습니다. 남편의 구원을 위해서 생명을 내놓고 기도하게 되었습니다. 이보다 더한 사랑이 어디 있겠습니까! 저는 비록 무늬만 신결혼했지만 하나님께서 이런 결혼이라도 축복하셔서 사랑을 주셨습니다. 저의 육을 무너뜨리심으로 최고의 사랑을 알게 하셨습니다. 결혼 전에 꿈꾸었던 인간의 사랑과는 비교할 수 없는 하나님의 사랑을 알게 하셨습니다. 사랑의 넓이와 깊이가 점점 확장되게 하셨습니다. 그 사랑이 지금까지 저를 살게 하는 원동력입니다.

우리가 사랑이라 부르는 것은 매우 얄팍하고 유한한, 인간적인 감정에 불과한 경우가 대부분입니다. 그런 사랑은 하갈도 받았고 이스마엘도 받았습니다. 그두라도 남편 사랑을 듬뿍 받아서 아들을 여섯이나 낳았습니다. 하지만 그게 전부가 아닙니다. 가장 복된 결혼생활은 남편과 아내가 요동하지 않고 각자의 자리를 잘 지키는 것입니다. 어떤 풍파에도 하나님만 부르짖으며 가는 것입니다.

비록 아브라함이 그두라와 이스마엘을 가장 사랑했어도, 아브라함을 아브라함답게 해 준 사람은 사라입니다. 그녀가 아니었다면 아브라함이 어찌 이스마엘을 끊어 내고 약속의 인생을 살았겠습니까. 사라로 인해 아브라함이 여러 민족의 아버지로 우뚝 설 수 있었습니다. 사라가 아브라함을 만들어 냈습니다. 아브라함 스스로 잘나서 믿음의 조상이 된 것이 아닙니다.

사라 또한 약하고 비빌 언덕 하나 없는 인생이었습니다. 그러나 내가 약할 때 하나님 발에 기대고 비비며 드린 기도를 주님은 기억하십니다. 내가 죽은 뒤에라도 갚아 주십니다.

창세기 25장을 보면 아브라함이 죽은 뒤 이삭과 이스마엘이 에브론의 땅 막벨라 굴에 그를 장사합니다. 그리고 성경은 이렇게 기록하죠.

"이것은 아브라함이 헷 족속에게서 산 밭이라 아브라함과 그 아내 사라가 거기 장사되니라"(창 25:10).

아브라함과 함께 한 평 땅에 묻힌 아내는 하갈도, 그두라도 아닙니다. 사라입니다. 마지막이 중요합니다. 아무리 아브라함이 하갈과 그두라를 사랑했어도 영원토록 믿음의 조상으로 자리매김한 사람은 사라입니다. 사라가 결혼을 지키고 가정을 지키고 호적을 잘 지켰기에 우리 모두의 어머니가 됐습니다. 하나님은 가정을 지킨 조강지처에게 축복을 주십니다. 이혼하지 않고, 호적을 더럽히지 않고, 결혼을 지키고 가정을 지키는 사람을 축복하십니다.

감정적인 사랑이 전부가 아니에요. 비록 사랑받지 못해도, 인정받지 못해도 사라처럼 믿음으로 나아가는 것만 남습니다. 내 배우자가 어떠해도 나 한 사람만 중심 잡으면 됩니다.

결혼의 위기 앞에서, 실전Ⅱ : 레아의 '후한 선물'

앞서 야곱의 결혼 이야기에서 보았듯 레아는 남편 야곱에게 사랑받지 못했습니다. 야곱은 레아의 동생 라헬을 둘째 부인으로 맞이하고 평생 라헬만 끼고 살았습니다.

야곱이 라헬을 얼마나 사랑했던지 그녀를 얻고자 외삼촌 라반 아래서 무려 7년을 무보수로 섬겼습니다. 게다가 그 7년을 '며칠같이' 여겼다고 하죠. 그런데 야곱은 라반에게 홀랑 속아 라헬이 아닌 레아를 아내로 맞이하게 됩니다. 야곱의 노동력을 탐한 외삼촌 라반이 레아를 마치 '끼워팔기'식으로 야곱에게 시집보낸 겁니다.

이후 야곱은 원하던 라헬을 얻기는 하지만, 그 조건으로 7년을 더 일합니다. 그러니 야곱은 레아만 보면 부아가 치밀지 않았을까요? 실상은 자기가 사서 고생하면서도 '이게 다 레아 때문이야' 했을 것입니다.

그러므로 레아가 얼마나 외롭고 힘들었을까요? 아버지는 나를 팔아넘기고, 남편은 라헬만 사랑하고, 동생 라헬은 나만 보면 시기하고……. 누구 하나 진심으로 레아를 사랑해 주는 이가 없습니다. 잘못도 없는데 괜스레 미움만 받습니다. 비련의 여주인공이 따로 없습니다. 아브라함의 아내 사라 못지않게 날마다 고독한 밤을 지새우며 힘든 시간을 보냈을 것입니다.

하지만 그녀를 통해 예수님이 오셨습니다. 비록 지독한 무시와 미움을 받아도 레아는 가정을 지키며 영적 후사를 낳았기에 가장 큰일을 한 것입니다.

그렇다면 남편에게 사랑받지 못해도 레아가 끝까지 결혼을 지킬 수 있었던 원동력은 무엇일까요?

| 레아는 공평하신 하나님을 찬송했습니다

창세기 29장 31절에 "여호와께서 레아가 사랑 받지 못함을 보시고 그의 태를 여셨으나 라헬은 자녀가 없었더라"고 합니다.

레아는 사랑받지 못하는 비극의 여인입니다. 한글 성경은 '사랑받지 못함'이라고 번역했지만, 원어 성경은 '가증히 여김을 받다', '줄곧 미움을 받다'라는 의미를 지닌, 보다 강한 말로 표현하고 있습니다. 왜 안 그렇겠습니까. 야곱으로서는 장인에게 속아서 레아와 결혼했잖아요. 더구나 레아 때문에 7년을 더 일했습니다. 그러니 레아만 보면 진저리가 나지 않겠습니까.

하지만 레아도 억울하기는 마찬가지입니다. 속인 건 라반이지 레아가 아니잖아요. 레아는 자기 잘못도 아닌데 괜스레 미움받고 버림당할 위기에 놓였습니다.

그런데 하나님께서 레아가 사랑받지 못함을 '보십니다'. 그리고 그녀의 태를 열어 자녀를 생산하게 하십니다. '여셨다'라는 말은 '푸셨다'라는 의미입니다. 우리네 인생살이도 수많은 문제로 얽히고설켜 있습니다. 그러나 하나님이 딱 보아 주시면 풀리지 않는 문제가 없을 줄 믿습니다. 배우자가 바람을 피우든 집을 나가든 하나님이 보시는 인생이 되어야 합니다. 핍박과 멸시를 받고, 버림당한 나의 처지를 하나님이 '보시면' 게임 끝입니다. 그때 내가 미움받는 그 자리가 하나님이 구원을 베푸시는 자리가 될 줄 믿습니다.

반면에 '라헬은 자녀가 없었더라'고 합니다. 태가 닫혔습니다. 부부의 제일의 사명은 예수 그리스도를 낳는 것입니다(창 3:15). 여자의 태는 예수님의 조상과 후손을 낳는 일을 해야 합니다. 그런데 사랑받지 못하는 레아는 아들을 넷이나 낳았는데, 사랑을 듬뿍 받는 라헬은 태가 닫혔습니다. 참 공평하지 않습니까?

레아는 임신하여 낳은 첫아들의 이름을 '르우벤(여호와께서 나의 괴로움을 돌보셨다)'이라 짓습니다. 동생 라헬에게 가려서 남편의 사랑을 받지 못한 레아의 슬픔이 담긴 이름입니다. 하지만 하나님께서 '나의 괴로움을 돌보신' 기쁨의 이름이기도 합니다.

첫아들을 얻은 레아는 "내가 아들을 낳았으니 내 남편이 나를 사랑하리로다" 하고 희망을 품습니다(창 29:32). 그러자 하나님께서 그에게 둘째 아들을 주시죠. 레아는 "여호와께서 내가 사랑받지 못함을 들으셨으므로 내게 이 아들도 주셨도다" 고백하며 그의 이름을 '시므온'이라 짓습니다.

셋째 아들을 낳았을 때는 "내 남편이 지금부터 나와 연합하리로다" 소망하며 그 이름을 '레위'라고 짓습니다. '연합하다', '연결하다'라는 이름 뜻대로 훗날 레위 지파는 이스라엘 백성이 하나님과 연합하도록 돕는 제사장 직분을 담당하죠. 한마디로 레아가 대단한 아들을 낳은 겁니다.

레아가 "내 남편이 지금부터 나와 연합하리라" 한 것은 이 순간부터 자신의 운명이 바뀌었음을 의미합니다. 그리고 마침내 넷째 아들을 낳으며 홈런을 칩니다.

"그가 또 임신하여 아들을 낳고 이르되 내가 이제는 여호와를 찬송하리로다 하고 이로 말미암아 그가 그의 이름을 유다라 하였고 그의 출산이 멈추었더라"(창 29:35).

유다는 '찬송'이라는 뜻입니다. 이 유다의 후손에게서 영원히 찬양할 대상이신 우리 구주 예수 그리스도께서 나십니다. 할렐루야! 그러니 배우자에게 미움받고, 사랑받지 못해도 이혼해선 안 됩니다. 가정을 지켜야 합니다. 생명을 낳고 또 낳는 역사를 이루어야 합니다.

레아는 남편의 사랑만 바랐습니다. 하지만 사랑은커녕 미움만 받는 고난 끝에 '아, 나의 진짜 상급은 하나님이지 남편이 아니구나!' 비로소 깨달았습니다.

하나님과 연애하는 사람은 공평하신 하나님을 찬양합니다. 배우자에게 미움받아도 "하나님은 공평하시다!" 찬양하고, 내 환경이 어떠하든지 "하나님이 나를 돌보시고, 들으시고, 나와 연합하신다"라고 고백하는 것이 진정한 찬송입니다.

주께서 내 고생하는 것 다 아십니다. 그리고 갚아 주십니다. 세상의 위로는 일시적이지만 하나님의 위로는 영원합니다. 오직 하나님만이 참된 위로자이십니다.

그러니 문제 많은 배우자 들들 볼지 말고 하나님께 간구하십시오. 공평하신 하나님을 찬송하십시오. 그리하면 하나님이 나의 괴로움을 돌보십니다. 나의 간구를 들으시고 연합하게 하십니다. 공평하신 하나님을 찬양하며 나의 십자가를 지고 가다 보면 어느 날 내 인생에도 유다를 낳는 역사가 일어날 줄 믿습니다.

| 레아는 자신의 형편없음을 보았습니다

유다를 낳고 레아의 출산이 멈춥니다. 그 후 야곱의 집안에 어떤 일이 일어납니까?

"라헬이 자기가 야곱에게서 아들을 낳지 못함을 보고 그의 언니를 시기하여 야곱에게 이르되 내게 자식을 낳게 하라 그렇지 아니하면 내가 죽겠노라"고 합니다(창 30:1). 남편에게 사랑도 받지 못하는 언니가 아들을 주렁주렁 낳으니 라헬이 샘을 냅니다. 심지어 "아들을 낳지 못하면 죽어 버리겠다"라고 야곱에게 협박까지 합니다. 그러나 야곱은 "임신하지 못하게 하시는 이는 하나님이신데 왜 나를 들들 볶아대냐!" 하며 '나 몰라라' 하지요(창 30:2).

그러니 이제 라헬이 어찌하나요? 자기 여종 빌하를 남편 야곱에게 아내로 줍니다. 그렇게 해서 얻은 아들이 '단'입니다. 하지만 단은 라헬이 자기 뜻대로 구해서 얻은 아들입니다. 그러기 위해 야곱으로 하여금 첩을 취하게 했습니다. 시기 끝에 결국 죄까지 낳았습니다. 그럼에도 라헬은 "내가 기도해서 하나님이 내 억울함을 풀어주셨다"고 자화자찬합니다(창 30:6). 하나님이 육의 것을 잠깐 채워 주신 것뿐인데 라헬은 이토록 기세등등합니다.

아들을 얻고자 하는 라헬의 욕망은 여기서 끝이 아닙니다. 시녀 빌하를 통해 둘째를 낳고는 "내가 언니와 크게 경쟁하여 이겼다"라는 뜻으로 '납달리'라고 이름 짓죠(창 30:8).

동생 라헬이 이렇게 염장을 질러 대니 레아의 마음이 어땠을까요? 그래도 끝까지 믿음을 지킬 줄 알았건만 레아도 유혹에 넘어갑니다. 환경에 장사 없다고 했습니다. "내가 언니와 경쟁하여 이겼다!" 하고 라헬이 속을 긁어 대니까 레아가 심령이 상할 대로 상합니다. 결국 그녀도 자기 시녀 실바를 데려다가 야곱에게 주어 아내로 삼게 하죠 (창 30:9).

그런데 하나님은 레아의 이런 연약함을 보시고 불쌍히 여겨 주십니다. 레아의 시녀 실바도 야곱에게서 아들을 연이어 낳습니다. 레아는 그 두 아들의 이름을 "복되도다", "기쁘도다"라는 뜻의 '갓'과 '아셀'이라고 짓습니다. "내 억울함을 푸셨다", "경쟁에서 이겼다" 부르짖은 라헬과는 다릅니다. 시기와 경쟁에 놓여 유혹에 넘어간 자신의 부족함을 깨달았기에 "기쁘도다, 후대의 모든 사람이 나를 기쁜 자라 하리로다" 고백했던 것입니다.

날마다 자신의 형편없음을 보는 것, 이것이야말로 기쁜 자가 되는 비결인 줄 믿습니다. 시아버지 유다와 동침한 다말도 평생 자기의 형편없음을 보았기에 예수님의 족보에 올랐습니다(창 38장). 나의 형편없음을 보는 자가 가장 기쁜 자라고 말씀을 통해 주님은 다시금 강조하십니다. 어떤 시기와 경쟁, 유혹 가운데도 자신의 형편없음을 보고, 끝까지 가정을 지키는 사람이 진정 기쁜 자입니다.

| 레아는 하나님이 들으시는 기도를 했습니다

아들을 주렁주렁 낳았어도 레아는 야곱을 붙들어 매지 못했습니다. 애초부터 야곱이 사랑한 사람은 라헬이니까 '내가 동생의 남편을 빼앗은 건 아닐까?' 싶기도 했을 것입니다. 누가 봐도 꼭 라헬이 조강지처 같습니다. 그래서 레아는 항상 아무 말 못 하고 주눅 들어 살았습니다. 그런데 여섯 아들을 얻으며 레아의 믿음이 점점 자랐습니다. 비록 사랑받지 못해도 "연합하리로다", "찬송하리로다", "복되도다", "기쁘도다" 고백하며 하나님 앞에서 정체성을 찾았습니다. 그러자 처음으로 라헬에게 당당하게 말합니다.

"네가 내 남편을 빼앗은 것이 작은 일이냐!"(창 30:15a).

쉽게 말하면 "야곱은 내 남편이야. 나와 먼저 결혼했어. 야곱이 싫으면 나랑 결혼했겠니? 야곱이 나를 위해서도 7년의 값을 치렀어. 내가 조강지처야!" 한 것입니다. 믿음이 없으면 이런 말을 못 합니다. 레아가 잘난 척하는 게 아닙니다. 주님을 만난 뒤 괜한 정죄감에서 벗어나 비로소 자기 신분을 인식한 것이죠.

그럼에도 라헬은 주제 파악을 못 합니다. 언니가 자신이 조강지처라고 하는데도 라헬은 야곱을 '내 남편'이라 부릅니다. '언니가 아무리 그래 봤자 야곱은 내 것이야'라는 속내입니다. 하지만 라헬이 아무리 남편을 꼭 쥐고 있어도 근본적인 열등감은 어찌하지 못합니다. 아들 많은 언니를 너무 부러워합니다. 그래서 "내 남편이지만 언니에게 들여보내 줄게. 하룻밤 같이 자. 그 대신 합환채를 내게 팔아" 하고 거래를 제안하죠(창 30:15b).

합환채는 고대로부터 임신을 가능케 하는 약초로 믿어 왔습니다. 정력제, 사랑의 열매로도 불렸죠. 라헬은 언니 레아가 아들을 주렁주렁 낳은 게 다 합환채 때문인 줄 알았습니다. 그래서 언니가 가지고 있는 합환채를 얻고자 한 것입니다.

레아는 여호와를 의뢰하며 점점 힘을 얻는데, 라헬은 자꾸 인간적인 해결책만 궁리합니다. 합환채만 있으면 다 해결될 것 같습니다. 남편의 사랑도 간절하지 않습니다. 오직 아들 낳기만 간절히 바랍니다. 남편을 자기 것으로 생각하니 그렇습니다.

결국 레아는 동생 라헬에게 합환채를 넘기고 그 대가로 야곱과 하룻밤 동침합니다. 그런데 아무리 그렇더라도 레아가 자존심이 상하지 않았을까요? '이렇게까지 해야 하나' 싶지 않겠습니까.

그러나 여호와를 신뢰하는 레아이기에 열등감이 없습니다. 남편의 사랑과 하나님의 사랑은 비교가 안 되잖아요. 언제나 찬송하고 기뻐하고 복되다고 여기는 레아입니다. 우리가 이런 인생을 살아야 합니다. 그런 레아를 보며 오히려 라헬이 깊은 열등감을 느낍니다. 수치스러운 환경에서도 레아의 얼굴이 기쁨으로 넘치니까 라헬은 언니의 모든 것을 가지고 싶어 합니다. '언니에게 뭐가 있구나' 합니다.

그러므로 이제 레아에게 어떤 일이 일어납니까? "하나님이 레아의 소원을 들으셨으므로" 레아가 임신하여 다섯째 아들을 낳습니다(창 30:17). 레아가 하나님이 들으시는 기도를 했습니다. 하나님이 레아의 기도를 들어주셨습니다. 남편에게 사랑받지 못한 레아지만 그럼에도 가정을 지키고 아들 낳는 아내의 임무를 다하니 하나님이 불쌍히 여기십니다. 불쌍히 여길 자를 불쌍히 여기시고 그 기도에 응답해 주신 것입니다. 그러므로 레아는 다섯째 아들을 낳고 "하나님이 보상해 주셨다"라는 뜻의 '잇사갈'이라고 이름을 짓습니다(창 30:18).

| 레아는 내 인생, 내 자녀가 후한 선물임을 고백했습니다

천국은 침노당하는 곳입니다(마 11:12). 배부른 사람은 천국을 사모하지 않습니다. 오직 주님 때문에 썩어지고 죽어지고 밀알이 돼서 수고하고 무거운 짐을 져야 천국에 발을 디딥니다(마 11:28).

레아에게는 이런 침노함이 있었습니다. 겸손할 수밖에 없으니까 자기를 주장하지 않고 무엇이라도 받아들입니다. 라헬이 "내 남편과 하룻밤 동침하라"고 하여도 감사하며 야곱을 들입니다. 조강지처로서 자존심을 딱 내려놓습니다. 내 사모하는 주님을 하루라도 볼 수 있다면 자존심 따위는 아무런 문제가 되지 않는 겁니다. 그 누구보다도 천국을 사모합니다.

레아는 라헬만 끼고도는 남편이라도 건강히 살아 있어 줘서 감사하고, 숨 쉬어 줘서 감사합니다. 남편 사랑 못 받아도 갈수록 얼굴이 해같이 빛납니다. 남편이 미워해도 주님 때문에 상처받지 않고 한결같이 남편을 사랑하며 기다립니다. 일 년 중 하루라도 남편과 함께할 수 있다면 못 할 일이 없습니다. 앉으라면 앉고 서라면 섭니다. 언제나 남편을 기다립니다. 영적 후사, 구원을 위해서라면 어떤 부끄러움도 감수합니다.

우리도 그렇잖아요. 주님을 사랑하게 되면 주님이 어떤 명령을 하시든지 의심의 틈 없이 "옳소이다"가 됩니다. 이런 레아였기에 하나님이 보시고 기도에 응답해 주셨습니다.

반면에 라헬은 어떤가요? 남편에게 넘치는 사랑을 받는데도 감사할 줄도, 회개할 줄도 모릅니다. 남편을 독차지하고도 언니의 합환채까지 손에 쥐려 합니다. 야곱이 그토록 사랑을 쏟아부어 주는데도 합환채를 가져야만 행복해진다고 믿습니다. 남편 사랑을 독차지해도 한 가지가 부족하면 마치 큰일이라도 난 듯 안달하는 것, 이것이 바로 '라헬 병病'입니다.

우리도 그렇습니다. 배부르고 등 따스운 사람은 천국을 사모하지 않아요. 이 땅에서 잘 먹고 잘사는데 뭐 그리 천국을 사모하겠습니까? 레아처럼 미움받고 쫓겨나서 주의 말씀에 목이 말라야 천국으로 발을 옮깁니다. 이런 사람이 천국에 쳐들어갑니다. 수고하고 무거운 짐을 져야 주님께로 갑니다. 주님은 그런 자에게 "내게로 오라" 말씀하십니다(마 11:28). 배부르고 등 따숩고 행복하고 가벼운 짐 진 자에게 오라 하지 않으셨습니다.

한 남편을 둔 레아와 라헬이지만 사랑받는 라헬이 아니라 미움받는 레아가 주님의 사랑을 받습니다. 레아의 기도를 하나님이 들어주셨습니다. 그러므로 레아가 다시 임신하여 여섯째 아들을 낳습니다. 그리고 "하나님이 내게 후한 선물을 주시도다" 고백하며 그 이름을 '스불론'이라 합니다(창 30:20).

레아의 마지막 고백은 '스불론'입니다. "이제는 그가 나와 함께 살리라.""예수님과 영원히 함께 살리라!" 언제나 소망 가운데 사는 레아입니다. 그리고 "하나님이 내게 후한 선물을 주셨다" 하며 자기 인생을 결론짓습니다.

남편에게 사랑받지 못해도 레아는 끝까지 가정을 지켰습니다. 그랬더니 비련의 여인에서 찬송의 여인이 됩니다. 그녀의 아들 유다도 험난한 인생을 거쳐 예수님의 조상으로 우뚝 섭니다. 그러니 정말 구원의 여정에서 거저 되는 것은 하나도 없습니다.

불신결혼한 지 2년 만에 이혼하고 우리들교회로 온 성도가 이런 고백을 했습니다.

처음에는 이혼이라는 죄패 때문에 공동체 안에서 지내는 것이 불편하고 두려웠습니다. 하지만 구속사의 말씀을 듣고 양육 훈련을 통해 전처가 나의 구원을 위해 수고했음이 인정되었습니다. 그런데 얼마 전 유흥주점에 갔다가 아내한테 걸려서 이혼 위기에 처했다는 친구로부터 '이혼을 어떻게 하는지?' 묻는 전화가 왔습니다. 저는 그 친구에게 "이혼하면 행복할 거 같냐? 이혼하면 지옥이다! 자녀들 생각해서 무조건 아내한테 무릎 꿇고 용서를 빌라" 하면서 제 경험을 전했습니다. 그러곤 김양재 목사님이 쓰신 책 『결혼을 지켜야 하는 11가지 이유』를 선물했습니다. 그 책 때문인지 친구는 이혼을 철회했습니다. 저의 이혼 고난이 친구를 살리는 약재료로 사용되어 기뻤습니다. 제 인생도 하나님의 '후한 선물'임이 100% 인정됩니다. 비록 이혼이라는 아픔을 겪었지만 그로 인해 하나님을 만났으니까요.

지체들 앞에서 이런 고백을 했더니 하나님은 이 성도에게 신재혼을 하는 은혜를 더하여 주셨습니다. 나아가 이 성도는 "이혼 위기에 있는 가정을 위해 기도하고 섬기는 인생이 되겠다"고 고백했습니다.

여러분, 평탄한 인생, 사랑받는 인생 너무 부러워하지 마세요. 낮고 천하여 하나님만 바라는 인생을 주님이 높여 주십니다. 지금 내 결혼에 어떠한 위기가 있어도 그렇습니다. 끝까지 결혼을 지키기를 바라요. 내 배우자에게 어떤 문제가 있어도 끝까지 가정을 지킴으로 하나님으로부터 '후한 선물'을 받는 인생 되기를 바랍니다.

무너진 우리 가정,
어떻게 중수할 수 있을까?

"목사님, 이런 사람과 계속 살아야 하나요?"
"목사님, 우리 가정엔 도무지 희망이 없어요."
"목사님, 우리 집 좀 살려 주세요!"
제가 시무하는 우리들교회 성도뿐만 아니라 가정의 어려움을 겪는 많은 분이 날마다 제게 도움을 요청해 옵니다. 그래서 저의 설교는 늘 '가정 중수'가 주제입니다. 이를 이해하지 못하는 분도 있겠지만 제 설교를 듣고 한 가정이라도 회복된다면 그 한 사람을 위해 설교하고 싶습니다.

제가 전하는 하나님의 말씀 때문에 한 가정이라도 이혼을 철회한다면 그 일을 향해 끊임없이 도전하는 것이 저의 비전입니다. 반복해 말하지만, 우리 인생의 목적도 가정의 목적도 오직 거룩이기 때문입니다.

그렇다면 우리가 어떻게 내 가정의 거룩을 이루어 갈 수 있을까요?

| 예배를 회복하라

느헤미야서는 바벨론 포로생활에서 놓인 이스라엘 백성이 고향 땅 예루살렘으로 돌아와 무너진 성벽을 재건하고 신앙 공동체를 회복하는 이야기입니다. 이는 예루살렘 성벽처럼 무너진 우리 삶과 가정을 회복해 가는 이야기라고도 할 수 있습니다.

3장부터 본격적으로 성벽 재건이 시작됩니다. 이스라엘의 제사장들이 함께 일어나 가장 먼저 건축한 곳은 바로 양문羊門입니다(느 3:1). 양문은 예수 그리스도를 상징합니다. 구약 시대에는 제사를 드릴 때 하나님께 제물로 바쳐질 양이 이 문을 통해 들어갔습니다. 마찬가지로 어린 양이신 예수님께서 대속물로 십자가에 못 박히심으로 속죄의 제사가 드려졌습니다.

내 죄를 위해 죽으신 예수님이 내 인생의 시작이고 끝이 됩니다. 어떤 사건도 예수님으로 시작하고 끝날 때 우리는 거룩하게 구별됩니다. 속만 썩이는 배우자, 절망뿐인 가정도 예수 그리스도를 통해 바라보면 거룩하게 구별되는 겁니다.

양문 건축은 구체적으로 예배의 회복을 말합니다. 고난 중에도 예배가 회복되면 우리는 저절로 거룩의 과정에 놓이게 됩니다. 하루를 예배로 시작하고 예배로 끝낼 때, 내 인생 전체를 성별하여 드릴 수 있습니다. 가정의 거룩을 이루어 갈 수 있습니다.

예배만 회복되면 내일도, 그다음 날도 주님이 말씀으로 인도해 주시고 책임져 주십니다. 그러니 내일, 또 그다음을 염려하지 말고 오늘 주신 말씀대로 하루씩 적용해 가면 됩니다.

저 역시 그랬습니다. 생전에 남편은 저를 문밖출입도 못 하게 하며 갖은 말과 행동으로 핍박했습니다. 그런 남편과 사는 게 너무 힘들다 보니 제가 은혜받기 위해서가 아니라 죽지 않기 위해, 살기 위해서 성경을 읽었습니다. 그렇게 날마다 말씀을 한 절, 한 절 묵상하고 삶에 적용하기 시작했더니 제 가치관이 변하기 시작했습니다. 힘든 남편에게도 순종하기가 쉬워졌습니다. 그때부터 오직 남편의 구원을 위해 기도하게 되었고, 마침내 남편은 구원받고 천국에 갔습니다.

무너진 가정이 살길은 오직 예배입니다. 요즘 위기의 부부들이 많다 보니 세상에서도 부부 관계에 관한 해결책을 여러 방향으로 제시합니다. 그대로 따르다 보면 부부 사이가 잠시 좋아질 수는 있겠지요. 그러나 예배가 회복되지 않으면 금세 위기가 다시 찾아오게 마련입니다. 가정의 주인은 하나님이시기 때문입니다.

도무지 합쳐질 것 같지 않다가 오직 예배가 회복되어 살아난 가정이 우리들교회엔 많습니다. 그중 한 집사님의 나눔입니다.

연속되는 투자 실패 속에 아내를 배신하고 바람을 두 번이나 피웠습니다. 아내는 그런 저를 믿음으로 기다리며 집으로 돌아오라고 했습니다. 저는 그런 아내에게 "너 때문에 내 인생이 망했다"면서 온갖 조롱과 핍박을 퍼부었습니다. 이미 말씀으로 살아나고 있던 아내는 저의 이런 강팍함에도 불구하고 그저 "당신이 돌아오기만 하면 된다", "아무것도 바라지 않으니 당신만 있으면 된다"고 했습니다.

아내의 한결같은 모습에 '딱 네 번만 가자'고 마음먹고 마지못해 교회에 따라갔습니다. 그런데 로마서 설교를 들으며 인간이 100% 죄인이고 내 힘으로 할 수 있는 것은 아무것도 없다는 사실을 깨닫게 되었습니다. 네 번만 오기로 했던 예배는 그다음 주에도 이어졌습니다. 아내의 섬김 덕분에 제게 말씀이 들리기 시작한 것입니다.

이후 양육과 부부목장을 통해 내 죄를 고백하고 수치를 드러냈을 때 죄의 근원이 끊어지는 경험을 했습니다. 그렇게 교회 공동체에 잘 붙어 있으니 양문 예배가 회복되고 부부 관계와 경제적인 상황도 회복되었습니다. 이혼 직전까지 갔던 우리 가정에 여호와의 영광이 임하는 구원의 역사를 허락하신 하나님께 감사와 찬양을 드립니다.

| 분방하지 말라

성벽 중수 막바지에 이르러 "베레갸의 아들 므술람이 자기의 방과 마주 대한 부분을 중수하였다"라는 얘기가 나옵니다(느 3:30). 여기서 '자기의 방'은 침실과 침방을 의미하죠. 무너진 가정을 중수하는 데

특별히 중요한 것이 침방 관리입니다.

　여자들은 여자로서의 역할이 가장 우선이고, 그다음이 아내, 그다음으로 중요한 것이 어머니의 역할입니다. 남자도 마찬가지예요. 남자로서의 역할, 그다음이 남편, 그다음으로 아버지의 역할이 중요합니다. 그러니 침방 관리가 경건하고 성별된 적용임을 잊지 말기 바랍니다.

　거룩하라고 해서 교양 있게 점잔을 빼라는 말이 아닙니다. 하나님께서 남자와 여자로 주신 역할에 부부가 서로 충실한 것이 거룩이고 경건입니다. 그래서 침방 관리를 잘하는 것이 하나님의 성전인 우리 몸을 거룩하게 지키는 비결입니다.

　그런데 침방 관리에 허점이 생기면 성벽에 구멍이 뚫립니다. 깨어진 부부 관계가 회복되기 위해서는 서로의 눈을 마주 보고 대화하고 스킨십하고 안아 주는 연습이 필요합니다. 부부간에 침방 관리를 잘해서 하나님께서 맺어 주신 한 몸을 회복하는 것이 성별의 절정입니다.

　특별히 침방 관리가 언급된 것은 가정 중수에서 성性에 대한 관리가 중요하기 때문입니다. 우리가 하나님께 꼭 붙어 있지 않으면 믿음의 틈이 생깁니다. 부부 사이도 마찬가지이죠. 틈이 벌어지면 남보다 못한 사이가 됩니다. 그러므로 최초의 틈이 없어야 합니다. 그래서 부부간에 분방하면 안 됩니다. 한 치의 틈도 허락해서는 안 됩니다.

| 세계적인 대안, 목장 공동체에 거하라

웃음 치료 전문가인 하비 재런 박사는 "내가 가장 환영하는 환자는 의사들로부터 '우리가 더 이상 해 줄 일이 없다'는 선고를 받은 사람들이다"라고 말했습니다. 그는 환자를 만나면 의학적으로 가능한 더 이상의 치료법은 없음을 시인하게 한 다음 "하지만 딱 한 가지 방법이 남아 있다"고 말합니다. 그러면서 일주일에 하룻밤, 두 시간 반씩 운동을 하게 하고 동시에 환자들끼리 서로 아픔과 성취감을 공유하게 했습니다. 그랬을 때 그 집단 치유 프로그램에서 엄청난 성과가 있다는 것입니다.

하비 재런 박사가 환자에게 가장 먼저 던지는 질문은 "당신은 당신의 아픔을 누구에게 털어놓습니까?"라고 합니다. 저도 같은 질문을 이 책을 보는 예비부부와 결혼한 부부들에게 던져 보고 싶어요.

"당신은 결혼생활의 어려움을 누구에게 털어놓습니까?"

제가 결혼생활이 힘들었던 것은 남편이 돈을 안 줘서도, 저를 못 살게 굴어서도 아니었습니다. 그런 저의 아픔을 털어놓을 공동체가 없었기 때문이에요. 고난이 도무지 해석되지 않고, 나 홀로 겪는 고통인 것만 같아서 한때는 이혼과 자살까지도 생각했습니다.

제가 시무하는 우리들교회의 부부목장에서는 부부가 자신의 이야기를 솔직하게 털어놓습니다. 말씀에 입각해서 자기 죄를 보니까 남편도 아내의 이야기를 할 수 있고, 아내도 남편의 이야기를 할 수 있습니다. 돈 한 푼도 안 내고 서로 상담이 되고 치유가 일어나는 곳이 바로

'목장'입니다. 이렇게 솔직할 수가 없고 이렇게 좋을 수가 없습니다.

그렇다고 목장에서 서로 아름다운 얘기만 하는 것이 아니에요. 둘이서 하지 못한 힘든 얘기를 목장에서 성토하다 보면 부부간에 서로 말다툼이 벌어지기도 하고, 그러다 큰 싸움으로 번져 목장이 아주 난리판이 되기도 합니다. 그래도 목장 식구끼리 끊임없이 얘기를 들어 주며 말씀으로 권면하며 가기에 죽을 위기에 있던 가정이 죽지 않고 삽니다. 먼저 결혼생활의 위기를 겪은 선배들이 어떻게 말씀으로 통과하며 왔는지 들으면서 부부 생활의 지혜도 배우게 됩니다.

두 번의 이혼을 겪고 인생의 막다른 길에 몰렸다가 목장을 통해 살아난 한 장로님의 나눔입니다.

교회에 처음 왔을 때 주보가 뭔지 몰라서 "찌라시 한 장 달라" 했을 정도로 저는 뼛속까지 불신자였습니다. 제가 교회에 오게 된 것은 두 번의 이혼이라는 인생의 고난 때문이었습니다. 후회와 원망 속에서 죽어 가고 있을 때 우리들교회를 알게 되었습니다. 하지만 예배에 나와 졸기 일쑤였죠.

그러던 중 저를 전도한 자매가 부부목장에 한 번만 참석해 보라기에 별 기대 없이 나갔습니다. 당장에 자리를 박차고 나가고 싶었지만 오랜만에 먹는 집밥과 된장찌개가 제 마음을 녹였습니다. 그렇게 말없이 앉아 밥만 먹고 있는데, 자꾸 저보고 어떻게 교회에 오게 됐는지 묻더군 저도 모르게 그만 소리를 꽥 질렀습니다.

"이혼해서 왔습니다!"

완벽주의가 심한 저는 그때까지 회사 동료나 친구, 심지어 부모님에게도 이혼 사실을 꼭꼭 숨겼습니다. 그런데 처음 보는 사람들 앞에서 제 이혼 이야기를 한 겁니다. 더 놀라운 건, 다들 제 이혼 이야기를 듣고도 별 신경 쓰지 않고 남은 식사를 끝까지 마치시는 게 아닙니까. 그때 '나 혼자 지옥을 만들어서 살았구나' 깨닫게 됐습니다. 목장예배를 마무리하며 서로 돌아가며 기도를 했습니다. 제 차례가 되어 다른 분들을 따라 "하나님 아버지" 하고 말했는데 웬걸요, 갑자기 제 눈에서 하염없이 눈물이 흘러내렸습니다. "하나님 아버지"라는 여섯 글자가 희망 없던 제 인생을 통째로 바꾸어 놓았습니다.

이후 저는 저를 전도해 준 자매와 신재혼을 하는 은혜를 누렸습니다. 그러나 아프리카 선교보다도 힘든 것이 재혼이라지요. 그 말대로 지금까지도 우리 부부는 전쟁을 치르고 있습니다. 하지만 그런 저희를 사랑으로 권면해 주는 목장 공동체가 있기에 치열한 싸움 속에서도 가정을 지키며 가고 있습니다.

이 부부는 결혼 후 10년 넘게 목자와 권찰로 목장을 섬기고 있습니다. 아내 집사님은 한식, 중식, 양식을 넘어 베트남식, 태국식 등으로 목장의 밥상을 책임지며 힘든 목원들의 위장을 달래 주고 있습니다. 남편 장로님은 위기의 부부들을 찾아가 이혼을 막는 사명자로 섬기고 계십니다. 이혼당할 위기에 있는 목원이 있으면 가정법원까지 가 상대에게 이혼을 철회해 주기를 간곡히 호소하는 수고도 마다하지 않습니다.

여러분, 혼자 문제를 안고 끙끙 앓는다고 해결되지 않아요. 부부 사이의 문제도 그렇습니다. 믿음의 공동체, 사랑의 공동체, 자기 죄를 보는 공동체를 만나야 해결됩니다. 단언컨대, 저는 자기 죄를 보는 우리의 목장이 가정과 사회, 나아가 나라의 분열을 해결하는 세계적인 대안이라고 확신합니다. 이 목장에 나아가 부부가 살아나기를, 더불어 다른 가정까지 살리는 부부가 되기를 바랍니다.

♥ Question & Think

내 마음 돌아보기

	문항	전혀 없었다	거의 없었다	가끔 있었다	자주 있었다	매우 자주 있었다
1	예상치 못한 문제가 생기면 상대방에게 화를 냈다.					
2	상대방에게 잔소리를 자주 했다.					
3	상대방을 통제할 수 없다고 느꼈다.					
4	교제하면서 내 방식대로 일이 진행되고 있다고 느꼈다.					
5	상대방을 옳고 그름으로 바라볼 때가 많다.					
6	상대방과 의논하지 않고 행동한 적이 있다.					
7	상대방과의 갈등이 많이 쌓여서 극복할 수 없다고 느꼈다.					
8	최근에 상대방과 다툰 적이 있다.					
9	상대방과 다투고 나면 한동안 연락하지 않는다.					
10	내가 먼저 "미안해" 사과한다.					
11	최근에 상대방에게 "고마워", "사랑해"라는 말을 자주 했다.					
12	내가 '사랑이 부족한 사람이구나'를 많이 느꼈다.					
13	상대방과의 문제를 다루는 능력에 자신감이 있다.					
14	나는 상대방과 다투고 나면, 교회와 목장에 가고 싶다.					
15	상대방은 나와 다투고 나면, 교회와 목장에 가고 싶어 했다.					

Q. 앞에 항목들을 체크하며 깨닫게 된 나의 부족함, 우리 커플의 문제점
   은 무엇입니까?

   _____

   _____

Q. 나의 반을 버리고 상대의 반을 채우기 위해 내가 버려야 할 것은 무엇
   인가요? (자존심, 돈, 명예, 탐식, 습관, 중독 등) 구체적으로 어떤 적용을 하시
   겠습니까?

   _____

   _____

Q. 나에게 주신 배필, 나의 결혼, 나의 가정을 후한 선물로 여기나요? 하
   나님이 선물로 주신 것인데 내가 과시하며 자랑하거나 불평하는 것은
   무엇입니까?

   _____

   _____

Q. 결혼 후 어떤 풍파를 만나든지 믿음의 공동체에 털어놓으며 해석받고
   해결하기로 서로 약속합니까?

   _____

♥ 우리들 묵상과 적용

청년 시절, 저는 애정결핍이 심해 남자 친구가 없는 기간이 2개월을 넘은 적이 없었습니다. 당시 청년부를 담당하시던 전도사님은 그런 제게 "교제를 쉬는 것이 좋겠다"라고 하셨습니다. 그 권면을 따라 저는 교제보다 교회 공동체에서 양육을 받는 데 집중했습니다. 청년부 목자가 되고 나서야 소개팅을 받았죠. 그 상대가 지금의 남편입니다. 당시 그의 외모도, 월급도 심지어 고향까지 마음에 드는 조건이 하나도 없었습니다. 그러나 청년부 목자라는 점과 첫날부터 "예쁘시다"며 제게 감정 표현을 분명히 하는 점이 좋아서 교제를 시작했습니다. '이 사람과 만나면 사랑받고 대접받을 수 있겠구나'라고 대단한 착각을 한 겁니다. 훗날 부부목장에서 고백하길, 제가 정말 예뻐서 그런 말을 한 게 아니라고 하더군요. 이처럼 속은 자와 속인 자가 한배를 타고 가는 것이 결혼이 아닐까 합니다.

우리 부부는 담임목사님의 주례로 성경에 손을 얹고 결혼했지만, 신혼 때부터 치열한 전쟁을 치렀습니다. 3개월 만에 결혼에 대한 환상과 기대가 모조리 무너졌습니다. 그래서 모색한 샛길이 '이혼'이었습니다. 하지만 하나님은 제가 도망치려 할 때마다 여러 방법으로 그 길을 원천 봉쇄하셨습니다. 하루는 남편과 싸우고 집을 나와 친정으로 갔는데, 제가 "이혼하겠다"고 하자 분노하신 아버지가 술을 드시고는 집안 기물을 다 깨부쉈습니다. 너무 무서워 '차라리 남편과 사

는 게 더 낫겠다' 하며 하루 만에 돌아왔죠.

이후로 7년간의 난임, 남편의 실직과 경제적 어려움, 시아버지의 암 투병 등 숨 막히는 사건을 줄줄이 겪으며 우리 부부는 하나님 앞에 자신이 전적으로 무능한 존재임을 조금씩 인정하게 되었습니다. 특별히 우리 부부가 이 폭풍과도 같은 시간을 버틸 수 있었던 것은 세계적인 대안, '목장'이 있었기 때문입니다. 우리 부부가 너무 격렬하게 싸우는 바람에 주민 신고로 집에 경찰이 자주 출동하곤 했는데, 그때마다 목자님이 한걸음에 달려와 주셨습니다. 둘 다 피투성이가 되어 부부목장에 가면, 목장 식구들은 따듯한 밥을 차려 주시며 저희 부부의 울부짖음을 들어 주시고 "두려워 말라"고 사랑으로 안아 주셨습니다.

저는 이 공동체를 떠나서는 남편과 살 자신이 없습니다. 남편과 맞는 부분이 정말 하나도 없지만 유일하게 맞물리는 톱니바퀴가 있다면 목장을 좋아한다는 것입니다. 목장 이야기만 하면 둘 다 설레고 신이 납니다. 이처럼 우리 부부를 하나님의 동역자(고전 3:9)로서 살게 해 주시는 주님, 감사합니다. 천국 가는 그날까지 '아내의 때, 엄마의 때를 잘 보내는 것이 최고의 상급'이라고 고백하는 제가 되길 소원합니다.

'낳고', '낳고', '낳고'의 구속사

'낳고, 낳고'의 인생

마태복음 1장은 예수님의 계보로 시작됩니다. 총 열일곱 절에 걸쳐 아브라함부터 예수님까지의 역사를 기록하고 있죠. 창세기 5장에는 아담의 계보가 기록됐는데 예수님의 족보와는 차이가 있어요. 아담의 족보는 '죽었더라', '죽었더라'로 끝나지만 예수님의 족보는 '낳고', '낳고', '낳고'로 이어집니다. 이는 세상은 유한하지만 예수님 안에는 영원한 생명이 있음을 보여 줍니다. 행여 내가 죽을 지경에 처해 있더라도 예수님 안에 거하면 생명을 낳는 역사가 일어납니다.

> 야곱은 마리아의 남편 요셉을 낳았으니 마리아에게서 그리스도라 칭하는 예수가 나시니라_마 1:16

예수님이 나시기까지 총 39번의 '낳고, 낳고, 낳고'가 이어집니다. 그런데 모든 '낳고'는 능동태로 쓰였는데 "예수가 나시니라"만 수

동태입니다. 인간의 의지와 전혀 상관없는 하나님의 방법으로, 성령의 잉태로 예수님이 오셨기 때문입니다. 예수님은 죽을 것 같은 포로생활 500년, 희망이라곤 보이지 않는 암흑기를 지나 성령님의 강권하심으로 나신 분입니다. 아브라함과 다윗의 자손이지만 실제로는 신적 기원을 가지셨습니다.

우리도 창세 전부터 하나님이 기쁘신 뜻대로 자녀로 삼으신 엄청난 존재입니다(엡 1:5). 나 역시 성령에 의해서 '예수가 나시니라'의 인생인 것입니다. 그러므로 내 인생에도 날마다 '예수가 나시니라'의 생명 낳는 적용이 이어져야 합니다. 돈이 없고, 집이 없어도 생명 낳기를 포기해선 안 됩니다. 내 안에 예수 그리스도의 생명이 있다면 반드시 또 다른 생명을 낳아야 합니다.

예수님은 "천국은 좋은 씨를 제 밭에 뿌린 사람과 같으니"라고 비유하셨습니다(마 13:24). 씨는 생명을 맺습니다. 신약에서 '씨'는 '언약의 후손, 천국의 아들'이라는 의미를 가집니다. 이 세상 어떤 곳이라도 생명의 씨인 예수님이 뿌려지면 그곳이 천국입니다. 척박한 밭이라도, 외도와 배신과 폭력에 찌든 가정이라도 거기에 예수님이 뿌려지면 천국이 됩니다.

모태신앙으로 목사님의 주례를 받으며 축복 속에 결혼한다고 가정이 천국이 되는 것은 아닙니다. 믿음의 결혼을 했다면 거기에 예수님의 씨가 뿌려져서 생명을 낳아야 합니다. 인간적인 사랑을 넘어서 부부가 한 믿음으로 하나 되어 구원의 열매, 전도의 열매도 맺어야 합니다.

그렇다면 우리가 어찌해야 '낳고', '낳고'의 사명을 잘 감당할 수 있을까요?

| '기한이 이를 때'를 기다려야 한다

여호와께 능하지 못한 일이 있겠느냐 기한이 이를 때에 내가 네게로 돌아오리니 사라에게 아들이 있으리라 _창 18:14

'낳고, 낳고'가 쉬운 일 같아도 영적 후사를 낳는 건 굉장히 어려운 일입니다. 아담 때부터 그랬습니다. 아담에게 두 아들이 있었지만, 아벨은 죽고 가인은 하나님 앞을 떠나 버렸습니다. 아담이 얼마나 기가 막혔겠습니까. 착한 아들은 죽고 잘난 아들은 떠나 버렸으니 인생이 슬펐을 것이에요. 그러나 아담은 잃은 자녀를 붙잡고 슬퍼할 때가 아님을 알았습니다. 여자의 후손 그리스도가 오시기까지(창 3:15) 구속사를 잇기 위해서 아내와 동침했고 하나님이 주신 '다른 씨' 셋을 낳았습니다.

착한 아벨도 아니고, 하나님을 떠나서 성공한 가인도 아니었습니다. 하나님이 주신 다른 씨 셋을 통해 예수님의 계보를 잇게 하셨습니다. 우리의 모든 고정관념을 깨는 '다른 씨'를 통해서 하나님의 역사를 이루셨습니다. 모든 것을 잃은 환경에서도 하나님이 주시는 '다른 씨'가 있어 생명을 이어 갈 수 있습니다.

아브라함도 마찬가지였습니다. 하나님이 뭇별과 같은 많은 자손

168

을 주리라고 약속해 주셨지만(창 15:5) 백 살이 되기까지 아브라함에겐 자녀가 없었습니다. "아들이 있으리라" 하시며 사라에게도 세 차례나 약속하셨지만 사라 역시나 그 말씀이 믿기지 않았습니다. 그녀는 이미 임신하기에는 나이가 너무 많았죠. 생리가 끊어진 지도 오래였습니다. 임신이 아예 불가능한 것입니다. 게다가 "내 남편이 늙어서 아무 즐거움도 없다"고 합니다(창 18:12). 부부 관계를 안 한 지 이미 오래되었다는 말입니다. 그러니 어찌 임신할 수 있겠습니까? 하나님의 말씀을 듣고도 속으로 비웃을 수밖에요.

그렇다고 남편 아브라함에게 생식 능력이 없는 것도 아니었습니다. 하갈을 통해서 이스마엘을 낳지 않았습니까? 그때 아브라함의 나이가 86세였습니다. 사실상 생식 능력이 없는 쪽은 사라였습니다. 그러니 사라가 얼마나 기가 막혔겠습니까. 이런 자기 속도 모르고 이스마엘만 바라보는 남편이 참 야속하기도 했을 것입니다.

더구나 아브라함이 이스마엘을 얼마나 사랑했는지 하나님이 사라에게서 낳은 아들이 약속의 자손이라고 말씀하셔도 "이스마엘이나 하나님 앞에 살기를 원하나이다"(창 17:18)라고 했습니다. 그의 머릿속에는 오로지 이스마엘밖에 없었습니다.

그러니 사라의 체념은 아주 심각했을 것입니다. 나름대로 믿음 좋은 남편 따라 갈대아 우르를 떠나온 사라 아닙니까. 하나님의 말씀을 따른답시고 살기 좋고 기름진 땅 다 포기하고 고생고생하며 살아온 사라입니다. 그런데 24년이 지나도록 아들 하나 없습니다. 믿음 좋은 남편 따라 교회를 24년이나 다녔는데 아직껏 내 집은커녕, 단칸방

신세를 벗어나지 못한다면 그 누군들 하나님의 말씀을 믿고 따르겠습니까? 비웃는 게 당연해 보이지 않습니까?

사라의 마음은 불신으로 가득합니다. 내 눈에 보이는 것만 믿기 때문입니다. 눈에 보이지 않는 것은 아예 믿으려 하지 않습니다. "그래도 믿어라" 하면 근심 걱정부터 합니다. 약속의 말씀을 믿지 못하기 때문에 근심합니다.

우리도 그렇습니다. 길을 모르니 결혼을 근심하고 출산을 근심할 수밖에요. 하지만 하나님께서는 기한이 이를 때에 사라를 다시 찾아와서 영적 상속을 물려줄 아들을 주겠다고 약속하십니다. 우리도 그때를 잘 기다려야 합니다.

그렇다면 그 '기한이 이를 때'는 도대체 언제일까요? 하나님이 정하신 때는 우리의 때와 다릅니다. 가나안 땅을 아브라함과 후손에게 주겠다고 약속하셨지만, 그 땅을 정복한 것은 그로부터 수백 년 후였습니다.

요한복음 16장 25절에 "이것을 비유로 너희에게 일렀거니와 때가 이르면 다시는 비유로 너희에게 이르지 않고 아버지에 대한 것을 밝히 이르리라"고 했습니다. 예수님은 때가 되면 밝히 일러 주겠다고 하십니다. '밝히 이르신다'는 것은 명확히 말씀하시겠다는 뜻입니다. 그 명확한 말이 곧 성경입니다. 그러므로 명확히 기록된 말씀을 명확히 들으려면, 성경을 묵상해야 합니다. 큐티를 하며 말씀을 내 삶에 적용해 보아야 합니다. "근심하지 말라" 하면 지금 내가 근심하고 있는 것이 무엇인지 묵상하고, 그 근심에서 벗어나기 위해 내 삶에 적용해야 할 것은 즉각 적용하고 실행하며 살아야 합니다.

우리들교회 청년부에 속해 있다가 저의 주례로 결혼한 커플이 있습니다. 그런데 결혼 6년이 지나도 아이가 생기지 않았습니다. 그러니 얼마나 간절히 기도했겠습니까? 그 기도로 딱 7년 만에 첫째가 태어났습니다. 둘째도 그 후 6년이 지나서야 태어났습니다. 이처럼 힘들게 두 아이를 얻은 부부는 '이제 우리에게 더 이상 아이는 없을 것'이라 확신했습니다. 그런데 예상치 못하게 셋째가 생기면서 혼란이 적지 않았습니다. 아이 엄마가 40대 중반인 데다 건선과 천식으로 건강이 좋지 않았기 때문입니다. 그런 형편을 아는 주위 사람들은 "출산 때문에 큰 고생할 수 있으니 큰 병원에 가서 의사의 소견을 잘 들어보라"고 했습니다. 출산을 포기하라는 사람도 있었습니다.

그럼에도 이 부부는 주님이 지켜 주시리라 믿고 집 근처 작은 병원으로 다녔습니다. 여전한 방식으로 말씀을 묵상하고 공동체가 함께 기도함으로 요동함 없이 출산의 때를 잘 기다렸습니다. 그리고 출산 당일, 병원에 도착한 지 45분 만에 셋째를 순산하였습니다.

이후 이 부부는 불임의 고난 끝에 세 자녀를 주셨음에도 귀하게 여기지 못한 문제 부모임을 깨닫고, "이제라도 자녀를 영적 후사로 키워 내는 영적 부모가 되겠다"고 다짐했습니다.

이처럼 말씀대로 적용하고, 말씀대로 누리고, 말씀대로 살면 내 인생에, 내 가정에 말씀이 세워지고 예수님이 세워집니다. 그때 비로소 하나님의 때를 깨달을 수 있습니다. 그 순간이 바로 '기한이 이를 때'입니다.

| '믿음으로 잉태하는 힘'을 얻어야 한다

믿음으로 사라 자신도 나이가 많아 단산하였으나 잉태할 수 있는 힘
을 얻었으니 이는 약속하신 이를 미쁘신 줄 알았음이라 _ 히 11:11

결혼이든 임신이든 때를 모르면 우리도 사라처럼 마음이 불편할
수 있습니다. "내가 어떻게 결혼? 애를 어떻게 낳아?" 자책하고, 푸
념합니다. 오래 기도했는데 응답받지 못하면 하나님을 불신합니다.

그런데 툴툴거리며 하나님을 미더워하지 않던 사라가 결국 하나
님의 약속을 믿었다고 합니다. 그 믿음으로 잉태하는 힘을 얻었습니
다. 그 결과 어찌 되나요?

약속의 말씀처럼 사라는 영적 상속자를 수도 없이 낳았습니다.
이 하나님의 사랑, 십자가 사랑이 얼마나 놀랍습니까!

그 아들 이삭도 그랬습니다. 믿음만 있으면 뭐든 될 것 같아 결혼
했는데 20년이나 아이가 없었습니다. 그런데 더 기가 막힌 것은 아버
지를 떠난, 예수님을 떠난 불신의 상징 이스마엘 형은 밖에서 아들을
열둘이나 낳습니다. 그럼에도 이삭은 포기하지 않았습니다. 간구하
며 기도했습니다(창 25:21). 어떤 일이 와도 여전한 방식으로 묵상하고
기도하고 하나님께 물으며, 하루하루 평범한 생활예배를 잘 드렸습
니다. 하나님 앞에서 원망도, 불평도 하지 않고 고생하는 인생을 말없
이 살아갑니다. 결국 그 기도가 응답됩니다. 믿음의 기도는 결코 땅에
떨어지지 않습니다.

믿음이 아닌 세상을 의지해 생명을 낳으려 했다는 한 성도님의 고백입니다.

저는 불신 가정에서 태어났습니다. 20살 성인이 되어 지금은 아내가 된 여자 친구를 만나면서 교회에 다니게 됐습니다. 당시는 오직 여자 친구에게 인정받고자 신앙심 좋은 척 연기하며 교회를 다녔습니다. 그러나 하나님 없는 믿음 생활은 오래가지 못했습니다. 2년을 버티다가 결국 교회를 떠나 방황하다 군에 입대했죠. 하지만 하나님은 저를 혼자 내버려 두지 않으셨습니다. 군종병으로 세워 주시고 함께해 주셨습니다. 전역 후 저는 과거에 갖은 핑계를 대며 도망쳤던 우리들교회를 다시 찾았습니다. 그렇게 목장 공동체에 붙어만 갔더니 주님이 아무것 없는 지질한 저에게도 신결혼을 허락해 주셨습니다.

그러나 금세 은혜를 잊어버렸습니다. 결혼과 출산 후 부모님처럼 돈 때문에 가정이 무너질까 봐 일에만 몰두하였습니다. 아내가 둘째를 임신하면서 '더 벌어야 한다'는 조바심에, 쫓기듯 세상일에 열심을 냈습니다. 와중에 친구에게 주식 투자 목적으로 돈을 빌려주었는데 친구가 그 돈을 다 탕진해 버리고는 자살 기도를 하는 청천벽력 같은 일이 벌어졌습니다. 제 돈 우상 때문에 친구가 대신 수고한다는 생각에 그제야 회개되었습니다.

하나님께서는 저의 한없는 연약함을 아시고 둘째도 건강히 세상에 나올 수 있게 인도해 주셨습니다. 둘째가 1살 되는 해에 직장에서는 팀장으로 세워 주시고 출산장려금까지 받았습니다. 아무리 내 힘으로 벌려고 발버둥 치고 시간을 써도 할 수 없었던 일을 하나님은 생각지도 못한 방법으로 한 번에 채워 주셨습니다. 결국은 하나님의 주권을 인정할 수밖에 없었습니다. 이제는 믿음의 가장으로 바로 서서 아내와 두 아이에게 삶으로 본을 보일 수 있기를 소망합니다.

많은 부부가 '낳고, 낳는' 사명에서 자꾸 뒷걸음질 치는 것은, 이처럼 하나님 외에 다른 것을 의지하기 때문입니다. 생명의 주인이 하나님이심을 인정하지 않기 때문입니다. 재력이 있어야, 여유가 있어야 아이도 낳고 키울 수 있다는 세상 가치관으로 가득 차 있으니까 생명 낳기가 부담이 되고 꺼려지는 것이죠. 오직 믿음으로 결혼해야 하듯, 오직 믿음으로 잉태하는 힘을 얻는 것이에요. 그렇게 생명 낳기를 기대하며 하나님이 허락하신 때를 잘 기다리면 우리 집안에도 영적 후사가 이어질 것입니다.

| 자존심을 내려놓고 수치도 잘 감당해야 한다

구약 율법에서는 형제가 죽으면 그의 아내를 다른 형제에게 주어 대신 대를 잇게 했습니다. 이를 '계대혼인법'이라 합니다. 야곱의 넷째 아들 유다도 그 법을 따라 첫아들이 죽자 둘째 아들에게 과부가 된 며느리 다말을 주었습니다(창 38장). 그런데 그 둘째마저 죽죠. 그러자 유다는 며느리 다말에게 "셋째 아들이 장성할 때까지 수절하고 네 친정에 가 있어라!" 명합니다. 마치 다말이 집안을 말아먹은 듯 모든 책임을 그녀에게 전가합니다.

며느리 다말 입장에선 억울합니다. 일부러 그런 것도 아닌데 두 남편을 잃고 얼마나 수치스러웠겠습니까. 그 마음에 사탄이 얼마나 참소했겠습니까. 그러나 다말은 그저 절망 가운데 머물러 있지 않았습니다. 너울로 얼굴을 가리고 창녀로 변장하여 시아버지에게 나아갑니다. 그 이유가 무엇입니까? 유다 집안의 대를 잇기 위해서입니다.

세상 윤리로 보면 유다와 다말의 사연은 낯부끄러운 이야기입니다. 며느리와 시아버지가 동침하여 대를 잇다니요. 이보다 더한 패륜이 없지요. 그러나 우리는 이 말씀을 구속사로 읽어야 합니다. 다말은 약속의 계보를 잇기 위해, '그 이름 예수'를 낳기 위해 수치를 무릅쓰고 유다에게 나아간 것이에요. 그 다말의 후손에서 예수 그리스도가 나셨으니, 온 인류를 죄에서 구원하는 데 교두보가 된 일 아니겠습니까?

다말이 이런 적용을 하기까지 수많은 어려움을 겪었습니다. 남편이 죽고, 집안의 대를 잇기 위해 자신과 결혼했던 시동생마저 죽었습니다. 그러므로 "저 이방 여자 때문에 유다 집안이 저주를 받았다"라는 소리를 얼마나 많이 들었겠습니까?

그럼에도 다말은 누구도 원망하지 않았습니다. 누구도 탓하지 않았어요. 그저 당하기만 했습니다. 자기 처지를 비관하지도 않았습니다. 수치스럽고, 손가락질을 받아도 굴하지 않았습니다. 그가 잘나서가 아닙니다. 주님의 은혜를 깨달았기 때문에 가능했습니다. 주님을 만나고 자신이 벌레만도 못한 인생임을 인정했기 때문입니다. 그 어떤 수치와 고난도 자기 죄에 비하면 아무것도 아니라는 것을 알았기에 집안의 구원을 위해서 모든 자존심을 내려놓았던 것입니다.

다말은 유다와 동침하여 쌍둥이를 임신하지만 출산 과정도 순탄하지 않았습니다. 그 힘든 과정을 통해 형보다 먼저 태어난 아우가 바로 '빛나는 장자' 베레스입니다. 그는 아브라함과 이삭과 야곱과 유다의 기업을 이어서 장차 오실 메시아의 직계 조상이 되었습니다. 다말 한 사람이 세상이 이해 못 할 길을 선택함으로써 예수님의 집안을 살렸습니다. 예수님의 계보를 이었습니다.

우리들교회 청년부에서 만나 4년간의 교제 끝에 결혼한 커플이 있습니다. 남편은 나름 '교회에서 가장 예쁜 여자와 결혼했다' 하며 기뻐했지만, 그 기쁨은 오래가지 않았습니다. 피차 자존심을 앞세우며 "내가 잘했니, 네가 잘못했니" 하며 다투던 끝에 결국 "너는 네 갈 길 가고, 나는 내 갈 길 가자" 했습니다. 그리고 공동체 소그룹 모임에 가서도 지체들을 향해 "우리의 이혼은 합당하다" 하며 공언했습니다. 더구나 둘 사이에 아이도 없었던지라 "우리는 언제든지 갈라서도 호적이 깨끗하다"고 했습니다.

그런데 그 무렵 아내에게 아이가 생겼습니다. 그 소식을 듣고 다들 "집사님 부부를 갈라서지 않게 하려고 하나님이 급하셨나 봐요" 하며 축하해 주었답니다. 이후 이 부부의 입에서 이혼이라는 말은 싹 사라졌습니다.

아이가 태어난 날, 부부가 함께 민수기 15장을 큐티하는데 "……온 백성이 부지중에 범죄하였음이니라"(민 15:26b)는 말씀이 눈에 쏙 들어오더랍니다. 자기 소견에 옳은 대로 지내면서 이혼을 쉽게 생각하고 갈라서려 했던 것이 부지중에 지은 죄임이 깨달아졌답니다. 날마다 이혼을 생각하며 치고받던 부부가 출산을 통해 자기 죄를 보게 되었으니 이 아이야말로 '후한 선물' 아닙니까? 복 중의 복인 것입니다.

유다와 그 아들들이 기업 무르기에 관심이 없을 때도 약한 다말에게 강함이 되어 주신 하나님입니다. 그녀 혼자라도 중심을 잡게 하시고, 기업을 무르게 하셨습니다. 그리고 유다로부터 "당신이 나보다 옳도다"라는 회개의 고백을 받아 내게 하셨습니다. 이는 구속사적으로 아주 중요한 사건입니다.

그러므로 우리는 '낳고', '낳고'의 사명을 잘 감당하기 위해 자존심을 내려놓아야 합니다. 갖은 수치도 잘 감당해야 합니다. 약할 때 강함이 되어 주시는 하나님을 잊지 말아야 합니다.

| '이 일을 성취하기 전에는' 쉬지 않아야 한다

룻기 4장을 보면 보아스는 나오미 집안의 기업을 무르고자 룻과 결혼합니다. 그런데 그때 성문에 있던 모든 백성과 장로들이 다음과 같이 보아스를 축복합니다.

여호와께서 이 젊은 여자로 말미암아 네게 상속자를 주사 네 집이 다말이 유다에게 낳아준 베레스의 집과 같게 하시기를 원하노라 하니라 _룻 4:12

앞서 언급했듯, 세상 잣대로 보자면 시아버지와 며느리가 동침해서 아이를 낳는 일은 축복은커녕 저주받을 일입니다. 그러나 이토록 수치스러운 사건을 통해 베레스가 나왔습니다. 그리고 그를 통해 예수님의 계보가 이어지죠. 그 계보를 살펴보면 부끄럽기 짝이 없는 사람들이 다 들어 있습니다. 베레스에서 시작해 이방 여인 룻이 낳은 오벳까지……. 그 오벳이 이새를 낳고, 이새가 다윗을 낳습니다(룻 4:18~22). 이 계보에서 예수님이 오심으로 이들 모두가 영광을 얻습니다.

보아스도 그중 한 사람입니다. 그의 어머니인 라합은 여리고 기생으로(수 2:1) 이스라엘의 정탐꾼을 살려 주고 구원을 얻어 예수님의 조상이 되었습니다. 그런 보아스와 룻의 만남은 우연이 아닙니다. 은혜로 예정된 만남입니다. 하나님의 심판과 섭리가 숨어 있습니다.

내가 지금 만나는 사람도 우연히 만난 게 아닙니다. 내가 있는 자리, 내가 속한 곳도 우연히 이른 곳이 아닙니다. 하나님의 섭리 속에 하나님의 뜻이 있기에 이 사람을 만나고, 지금 이 자리에 있는 것입니다.

지금 만나는 사람이 너무 지질해 보입니까? 가진 것도 없고, 학벌도 시원찮고, 외모도 시원찮나요? '저 남자, 저 여자와 살다가는 내 인생이 꼬이겠다' 싶습니까? 그러나 믿음의 눈으로, 구속사의 눈으로 다시 한번 그 사람을 바라보세요. 그를 만나게 하신 분도 하나님입니다. 내 믿음의 분량에 딱 맞게 보내 주신 사람입니다. 그러므로 그 만남을 소중히 여겨야 합니다. 그 만남에서 하나님의 뜻을 깨닫고 최고의 만남으로 지켜 가야 합니다.

앞서 2강에서 우리는 시어머니 나오미의 말에 순종해 보아스에게 가서 발치 이불을 든 룻의 이야기를 묵상했습니다. 그렇다면 보아스는 왜 이방 여인인 룻에게 은혜를 베풀었을까요?

보아스가 룻을 여자로 보았다기보다 시어머니 나오미를 좇아온 룻의 헌신을 귀하게 보았을 것입니다. 충성할 수 없는 상황에서도 순종하며 헌신을 결단한 룻의 믿음을 보았기에 은혜를 베풀었습니다.

나오미 역시나 그런 보아스에게서 믿음을 보았습니다. 그래서 "그가 이 일을 성취하기 전에는 쉬지 아니하리라"(룻 3:18)고 확신하죠. 그의 말대로 보아스는 룻과의 만남 이후 결혼에 이르기까지 최선을 다했습니다. 결혼한 후에도 낳고 낳고의 사명을 쉬지 않았습니다. 룻도 보아스를 위해 최선을 다했습니다. 그러므로 하나님께서 그들을 보시고 잉태의 복을 허락하신 것입니다.

우리도 '낳고 낳는' 사명을 담당하려면 주어진 역할에 최선을 다해야 합니다. 영육 간에 예배 잘 드리고, 큐티하고, 기도하고, 이웃을 사랑해야 합니다. 육으로는 술·담배 끊고, 운동하고, 몸 관리 열심히 하며 부부 생활에도 최선을 다해야 합니다. 그럴 때 여호와께서 잉태하게 하십니다.

| 간절히 기도해야 한다

해마다 난임으로 고민하는 사람들이 늘어난다고 합니다. 우리나라 부부 7쌍 중 1쌍이 난임으로 고통받고 있다니 정말 보통 일이 아닙니다. 임신은 당연한 일이 아니라 확률적으로도 하늘의 별 따기가 됐어요.

그만큼 어려운 일이기 때문에 성경에는 불임과 관련한 이야기가 자주 나옵니다. 아브라함이 그랬고, 노아와 한나 같은 믿음의 위인들도 오랜 불임을 겪었습니다. 그러다가 하나님의 허락하심으로 자녀를 낳게 되지요.

그런데 사무엘상 1장 6절에 보면 한나에게 자식이 없는 이유가 "여호와께서 그에게 임신하지 못하게 하시므로……"라고 합니다. 지금 내가 돕는 배필을 못 만나고, 임신을 못 하는 게 하나님이 막으셨기 때문이라는 것입니다. 그러므로 '아, 이것은 하나님께서 푸실 문제구나' 하고 하나님께 가져가야 합니다. 하나님이 풀어 주시지 않으면 풀릴 수가 없기 때문입니다.

자, 그러므로 여기에 답이 있습니다. 기도해야 합니다. 한나 역시나 그 불임의 고난 가운데 여호와께 기도하고 통곡합니다. 그리고 서원하죠.

……만군의 여호와여 만일 주의 여종의 고통을 돌보시고 나를 기억하사 주의 여종을 잊지 아니하시고 주의 여종에게 아들을 주시면 내가 그의 평생에 그를 여호와께 드리고 삭도를 그의 머리에 대지 아니하겠나이다_삼상 1:11b

서원기도는 함부로 하는 것이 아니라고들 하지만, 한편으로 저는 진정한 기도는 서원기도가 아닐까 생각합니다. 서원기도를 하면 자식을 낳아도 그 자식에게 연연하지 않게 됩니다. 하나님 자체를 이미 상급으로 받았기 때문에 병이 나아도, 돈이 생겨도 그것에 연연하지 않습니다.

한나를 보세요. 그렇게 '아들, 아들' 했는데 '내 아들은 주님의 것'이라는 기도를 하지 않습니까. 육의 자녀를 원하다가 영적인 후사를 구하는 것으로 기도가 바뀐 것입니다. 물론 내가 원하는 걸 얻겠다고 무턱대고 서원해서도 안 됩니다.

나아가 한나는 침묵으로 기도합니다(삼상 1:12~13). 통곡하며 서원을 해도 당장 보이는 것이 없기에 침묵으로 기도하는 것입니다. 기가 막힌 고통 속에서 차마 말이 안 나오는 기도를 드렸습니다. 이런 한나의 모습을 지켜보던 엘리 제사장은 한나가 술에 취했다고 오해합니다. 포도주를 끊으라고 권면까지 합니다(삼상 1:14).

그러나 한나는 이런 부당한 오해와 비난에도 불구하고 자제력을 잃지 않고 자신의 처지를 설명합니다. 고통 속에서도 하나님과 통하고 있었기 때문에 흔들리지 않습니다. 오해를 받아도 하나님과 통하고 있으면 이토록 두려울 게 없습니다.

자, 그러므로 이제 어떤 일이 일어납니까? 이후 1장 19절에 "……엘가나가 그의 아내 한나와 동침하매 여호와께서 그를 생각하신지라"고 합니다. 한나가 기도했더니 남편 엘가나가 한나와 동침합니다. 하나님께서 남편의 마음을 움직이심으로 부부의 사랑이 그만큼 깊어졌다는 것입니다. 그리고 여호와께서 한나를 생각하시고, 기억하시고, 곧 그녀의 태를 여십니다. '때가 이르매' 한나는 아들을 낳고, 그 이름을 '사무엘'이라 짓습니다(삼상 1:20).

이렇듯 모든 일에는 항상 때가 있습니다. 내 생각에 급한 일이라도 하나님이 정하신 때가 되어야 성취되는 것입니다. 사무엘이란 이름은 '내가 여호와께 구했더니 이 아들을 주셨다'라는 뜻입니다.

그런데 우리는 어떤가요? 간절히 기도할 때는 무엇이든 다 하겠다고 서원하지만, 막상 응답받고 나면 감사는커녕 하나님을 잊을 때가 많지요.

그러나 한나는 '이것으로 끝'이 아닙니다. 사무엘을 낳은 후에도 예배와 기도의 끈을 놓지 않습니다. 그리고 사무엘이 젖을 떼기까지 양육의 책임을 다합니다. 그리고 다음과 같이 서원을 지킵니다.

27 이 아이를 위하여 내가 기도하였더니 내가 구하여 기도한 바를 여호와께서 내게 허락하신지라 28 그러므로 나도 그를 여호와께 드리되 그의 평생을 여호와께 드리나이다 하고 그가 거기서 여호와께 경배하니라_삼상 1:27~28

그러자 한나에게 또 어떤 일이 일어납니까? 사무엘상 2장 21절에 "여호와께서 한나를 돌보시사 그로 하여금 임신하여 세 아들과 두 딸을 낳게 하셨고 아이 사무엘은 여호와 앞에서 자라니라"고 합니다. 아들 하나를 바쳤더니 하나님은 한나에게 다섯 자녀를 주십니다. 다섯 배의 복을 주신 것이죠. 하나님의 뜻대로 사는 사람은 가만히 있어도 하나님께서 돌보시고 찾아 주심으로 다섯 배의 복을 받습니다. 나아가 한나가 붙잡고 키우지 않아도 하나님께서 사무엘을 돌보아 주십니다. 여호와 앞에서 자란 사무엘 한 사람으로 인해 이스라엘이 구원되고, 그것이 전 세계의 구원으로 이어졌습니다. 사무엘이 여호와 앞에서 자라는 것이 얼마나 큰 복입니까?

오랜 불임으로 기도하던 한 집사님이 이런 나눔을 했습니다.

몇 달 전까지도 임신은 단순히 건강한 난자와 정자가 만나서 되는 것으로 알고 있었습니다. 그래서 별다른 노력은 안 하고 날마다 배란일만 계산했습니다. 그런데 말씀을 들으면서 영적인 건강과 함께 육적인 건강도 생각하게 됐습니다. 그래서 몸에 해로운 음식을 끊고 공원에서 뛰고 걸으며 운동을 시작했습니다. 영적 건강을 위해 주일예배, 목장예배를 빠지지 않고 큐티와 기도를 열심히 하고, 불임을 겪고 있는 동료를 위해 중보기도도 했습니다.

그렇습니다. '내가 기도했으니, 하나님께서 알아서 하시겠지'가 아닙니다. 운동하고, 큐티하고, 예배드리며 끊어야 할 것을 끊는 영과 육의 균형 잡힌 적용을 해야 합니다. 그리하면 하나님의 때에 태를 열어 주실 것입니다. 행여 육적 자녀를 낳지 못한다고 해도 주 안에서 영적 자녀를 낳는 은혜를 주실 것입니다.

| 생명은 반드시 지켜야 한다

오늘날 생명 경시 풍조가 만연합니다. 2021년에 낙태법이 폐지된 후부터 문제가 더욱 심각해지고 있습니다. 사실 60여 년 전만 해도 우리나라 여성 1명이 평생 낳을 것으로 예상되는 평균 자녀 수, 즉 합계출산율은 6명이나 되었습니다. 그래서 정부는 "많이 낳아 고생 말고, 적게 낳아 잘 키우자" 하며 출산 억제 정책을 적극적으로 펼쳤습니다. "딸·아들 구별 말고 둘만 낳아 잘 기르자" 하며 한 가정에서 두 자녀를 낳아 키우는 것을 표준으로 삼았습니다. 그런데도 출산율이 줄어들지 않자 급기야 80년대에는 "하나 낳아 젊게 살고, 좁은 땅 넓게 살자"는 캠페인을 벌이기도 했습니다. 이렇게 강력한 산아제한이 시행될 당시 산부인과에서는 죄의식도 없이 낙태를 행했습니다.

이러한 악에 대한 무감각은 결국 낙태법 폐지로 이어졌습니다. 이후부터 낙태는 동성애와 마찬가지로 아무렇지 않은, 그야말로 '평범한 악'이 되어 오늘날의 인구절벽 사태를 부채질하고 있습니다.

한 자매는 해외에서 중의학도로 수련받던 시절, 낙태를 목적으로 진료받으러 온 환자들을 기계적으로 대하며 수련을 위해 많은 생명을 죽였다고 합니다. 환자들의 낙태 요청에 일말의 고민도 없이 수술을 진행했답니다. 심지어 일에 있어서 빈틈없고 깔끔하다는 평가를 받고자 노력했다고 고백했습니다.

하나님은 한 생명이 살고, 가정이 살고, 나라가 사는 것을 기뻐하십니다. 제 남편도 존경받는 산부인과 의사였습니다. 장로님과 권사님의 아들이었고, 세상적으로는 완전주의자였습니다. 하지만 교회를 다니지 않았습니다. 그러다 마흔다섯 살 되던 해 어느 날 갑자기 쓰러졌습니다. 그리고 간암 말기 진단을 받았습니다. 남은 시간은 일 년도 아니고, 한 달도 아니고, 단 하루였습니다.

다음 날인 주일 새벽 응급실로 심방 오신 목사님은 남편 손을 붙잡고 "어떻게 천국에 들어가시겠냐"고 물었습니다. 남편은 "예수 이름으로요……"라고 대답했습니다. 그러고는 "그런데 목사님은 제 직업을 아십니까? 제가 믿음이 없어서가 아니라 죄가 많아서 교회를 못 나갔습니다. 회복시켜 주시지 않아도 할 말 없는 죄인입니다" 하며 낙태죄를 고백했습니다. 산부인과 의사로서 한때 수많은 태아를 낙태했지만, 하나님의 은혜로 생명을 파괴한 죄를 진심으로 회개하고 주님 품에 안긴 것입니다. 그렇게 남편은 천국에 갔습니다.

그 후 저는 십수 년 동안 그 회개의 적용을 어떻게 할까 고민하고 또 고민했습니다. 성령 안에서 한 회개의 무게를 너무 잘 알기 때문입니다. 오랜 기도 끝에 저와 저의 자녀들은 낙태죄의 값을 치르기로 하고, 남편이 생전에 운영했던 산부인과 건물을 하나님께 드렸습니다. 그리고 그 자리에 복지재단이 세워졌습니다. 한 생명을 살리고, 저출산 문제를 극복하는 일에 쓰임받기 위함입니다. 출산을 막고자 생명을 앗아간 기억이 있는 그 장소가 이제는 출산율을 올리고 탄생을 격려하는 곳이 되길 소망합니다.

우리들교회에는 고등학생 신분에 혼전 임신을 했지만 낙태하지 않고 아이 아빠도 없이 출산한 엄마가 있습니다. 아이가 평생 장애를 안고 살지 모른다는 판정을 받고도 믿음으로 출산한 부부도 있습니다. 한 자매는 혼전 임신을 했는데, 남자 친구의 부모가 출산을 반대하며 낙태할 것을 종용했답니다. 그럼에도 자매는 반대를 무릅쓰고 아이를 낳기로 결단했습니다. 그렇게 그 남자 친구와 당당히 결혼도 하고, 아이도 낳고 지금은 세 아이의 엄마가 되었습니다.

앞서 낙태 수술을 한 죄를 오픈한 의사 자매도 그 후 다음과 같은 간증을 남겼습니다.

저를 사랑하셔서 내버려 둘 수 없으셨던 주님은 '때가 이르렀사오니'라는 요한복음 17장 말씀으로 제게 찾아오셨습니다. 제가 자궁내막암 1기 진단을 받고, 여성으로서 생육하고 번성할 수 있는 기능이 9개월 남짓 남았다는 시한부 판정을 받은 것입니다. 하지만 매주 말씀으로 예방주사를 맞았기에, 제게 주신 이 십자가가 우연이 아님을, 제 삶의 결론임을 인정하게 되었습니다. 이제라도 주님이 주신 명령대로 행하기 위해 세속적인 가치관을 둘러엎겠습니다. 바라옵기는 저의 가임력이 보존되어서 한 생명 낳는 사명을 잘 감당하기를 소망합니다.

안타깝게도 이 자매는 결국 가임력을 상실하고 말았습니다. 그러나 저는 믿습니다. 이 자매가 비록 육적 자녀는 낳지 못해도 영적 자녀를 낳고 낳는 사명을 다하리라는 것을…….

내 처지가 아무리 초라하고 비참해도 그렇습니다. 영육 간에 생명을 낳고, 사람을 살리고 있다면 이보다 복된 인생은 없습니다.

7명 낳읍시다!

우리들교회 청년들은 오직 믿음 하나 보고 결혼합니다. 저는 우리 청년들에게 남자고 여자면 결혼하라고 합니다. 서로 믿음이 있고 마음이 통하면 결혼하라고 권하죠. 그랬더니 매주 적으면 한 커플, 많으면 세 커플 이상이 결혼하고 아이도 순풍순풍 낳습니다. 7명이 목표인 사람도 많아요. 우리 인생도, 결혼의 목적도 행복이 아니고 거룩이기 때문에 거룩을 목적으로 놓고 가면 이처럼 행복이 따라옵니다.

매 주일, 휘문과 판교채플에서는 번갈아 유아세례가 베풀어집니다. 앞서 청년공동체 안에서 매주 두세 건, 매월 10건 이상의 결혼예배가 드려진다고 했는데, 세례받는 아기도 매월 10명이 넘습니다. 믿음으로 맺어진 한 쌍이 한 명 이상의 아이를 낳으며 출산의 사명을 다하고 있는 것입니다. 더불어 우리들교회 성도들은 유아세례를 축하해 주는 것을 사명으로 여깁니다. 일단 부부가 아이를 낳으면 가장 먼저 이렇게 묻습니다.

"유아세례 언제 받으세요?"

유아세례 받는 주일이 정해지면 아기 부모는 주변 지체들에게 그 소식을 알립니다. 그 주일이 되면 다들 잔칫집 가는 사람처럼 좋은 옷을 입고, 선물을 들고 와서 함께 예배드리고, 유아세례를 축하합니다.

그런데 그 세례식 순서가 남다릅니다. 세례를 베풀기에 앞서 부모가 공동체 앞에서 간증하는 순서가 있는데, 그야말로 은혜 충만입니다. 불신결혼과 낙태, 외도와 음란의 죄를 고백하고, 그럼에도 믿음의 상속자를 허락해 주신 주님께 감사하는 눈물의 고백들이 이어집니다.

한 유아세례 간증을 소개합니다.

저는 사역자 가정에서 모태신앙인으로 태어났습니다. 교회 가는 것을 당연하게 생각했지만 중학생 때부터 방황하기 시작했습니다. 45일간 가출하고, 술·담배를 하고, 오토바이를 타고…… 그러다 사고를 쳐서 여러 번 선도위원회가 열리기도 했습니다. 퇴학 위기에 몰렸지만, 부모님이 저를 대신해서 간절히 사죄와 용서를 구하셨습니다. 수업일수가 부족해서 유급당할 뻔도 했습니다. 고등학교 시절에는 '차 털이'에 연루되어 여러 번 조사를 받고 소년보호재판을 통해 분류심사원에 한 달 동안 위탁되기도 했습니다…….

그러다 고등학교 3학년 때 대학생인 여자 친구와 혼전 임신을 하게 되었습니다. 모든 상황이 감당하기 어려워 어머니에게 손을 내밀었는데 "생명은 지켜야 한다"고 말씀해 주셔서 낙태하려는 여자 친구의 마음을 돌이켜 생명을 낳기로 했습니다. 그리고 여자 친구를 교회에 등록하게 하여 결혼예배를 드리고 첫아들을 낳았습니다. 지금 저희 부부는 세 아이의 엄마, 아빠가 되었습니다.

저는 고등학교도 졸업하지 못할 줄 알았습니다. 그런데 대학도 졸업하고, 조기 취업이 되어 직장생활을 성실히 하고 있습니다. 결혼과 출산을 통해 방황이 끝나게 하시고, 세 아이를 키우며 부모의 마음을 조금씩 알아 가게 해 주신 하나님, 사랑합니다. 나아가 생명의 소중함을 알게 해 주셔서 감사합니다.

유아세례 때마다 아기 부모들이 이런 간증을 하면서 울고 웃습니다. 그 후의 순서들도 기쁨으로 충만합니다. 서약 시간에는 부모와 공동체가 함께 아이를 키우기로 서약하며 마치 본당이 떠나갈 만큼 큰소리로 "약속합니다!"를 외칩니다. 세례를 베풀 때는 저를 뚫어지게 쳐다보는 아기도 있고, 우는 아기도 있습니다. 물세례 하는 제 손을 뿌리치는 아이도 있고, 그러거나 말거나 잠자는 아기도 있지요.

그리고 세례가 끝나면 축하 행진이 시작됩니다. 제가 "험한 세상을 향하여 출발~!" 하고 앞장서면 아기를 안은 소속 목장의 목자와 부모가 그 뒤를 따릅니다. 그리고 성도님들은 세례받은 아기들이 험한 세상을 말씀으로 잘 살아갈 수 있도록 박수로 격려하고, 아기들이 지나갈 때 머리를 쓰다듬어 주면서 마음껏 축복합니다.

너는 담장 너머로 뻗은 나무 가지에 푸른 열매처럼
하나님의 귀한 축복이 삶에 가득히 넘쳐날 거야~♪

채플을 가득 채운 교인들은 그 행진이 끝날 때까지 '야곱의 축복'을 몇 번이고 합창합니다. 행진이 끝나면 친지와 목장 식구 등 하객들이 줄지어 단상으로 올라와 꽃다발과 선물을 전하며 축하 인사를 나눕니다. 천국 잔치가 바로 이런 게 아닐까 싶습니다.

♥ Question & Think

Q. 결혼하여 '낳고 낳는' 사명에 최선을 다하기로 결단합니까? 내가 생명 낳는 사명에 주저하고 뒷걸음치는 이유는 무엇인가요?

_____

_____

_____

Q. 영육 간에 생명을 낳기 위해 내가 최선을 다해야 할 것은 무엇인가요?

_____

_____

_____

Q. 나는 자녀를 몇 명을 낳길 원하나요? 예비 배우자와 함께 나누어 보세요.

_____

_____

_____

육적 자녀뿐 아니라
영적 자녀도 많이 낳으세요!

Q. 나를 예수 믿게 해 주신 부모님께 감사한 마음을 글로 적어 보세요.

믿지 않는 가정에서 태어나 쾌락과 성공, 재물 얻기에 몰두하던 저는 대학에서 지금의 여자 친구를 만나 교회에 오게 되었습니다. 여자 친구는 저의 구원을 위해 매일 기도했지만, 저는 음란하고 악한 마음만 가득했습니다. 그러다 영과 육의 갈등이 더욱 심해져서, 자꾸 "구원, 구원" 얘기만 하는 여자 친구의 모습이 보기 싫다고 이별하고 교회를 떠났습니다.

그러나 하나님은 세상 속으로 돌아가려는 저에게 여러 가지 고난으로 찾아오셨습니다. 세상에서 실패하고 좌절하게 하셨습니다. 그로 인해 저는 주님 없이는 무가치한 삶임을 깨닫고 다시 교회 공동체로 돌아올 수 있었습니다. 그러나 진심으로 기도하며 말씀에 귀 기울인 것도 잠시, 저는 금세 초심을 잃고 교만해졌습니다. 듣고 싶은 말씀만 골라 들으면서 하기 싫은 적용은 하지 않았습니다. 그러다 음란의 유혹에 넘어져 결국 여자 친구와 혼전 순결을 지키지 못했습니다.

그러던 어느 날, 여자 친구가 임신을 했다는 얘기를 듣고 저는 혼란스러웠습니다. 너무 도망가고 싶었지만 "말씀을 듣고 생각해 보자"는 여자 친구의 부탁으로 예배드리며 우리의 앞길을 결정하기로 했습니다. 다윗이 범죄했음에도 하나님은 그를 사람의 매와 인생 채찍, 나아가 규례인 말씀으로 돌이키셔서 언약의 당사자가 되게 하셨습니다(삼하 7:14~16). 마찬가지로 하나님은 말씀으로 제 생각을 바꿔 주셨습니다. 스스로 잘났다고 여기며 살았지만, 저는 하나님의 시선과 생각을 무시하며 살아온 죄인이었습니다. 에노스처럼 보잘것없는 자, 전적으로 무능한 자임이 비로소 깨달아졌습니다(창 4:26). 나아가 우리 커플에 주신 아이가 저의 구원을 위해 하나님이 주신 선물임을 깨닫고 생명을 지킬 수 있었습니다.

이후 우리 커플은 공동체의 축하 속에 신결혼을 하는 축복도 받았습니다. 앞으로도 자기 주제를 알고 하나님 앞에 비천한 마음으로 기도하며 고난의 길을 잘 견뎌 나가겠습니다. 제게 영의 복을 허락해 주시고 예수님 믿는 자매와 결혼하게 해 주신 하나님, 감사합니다.

아버지가 늘 부재중이어서 저는 내리사랑을 받지 못했습니다. 그 결핍을 남자 친구로부터 채우려 했죠. 모두가 부러워하는 신결혼을 하고 싶었지만, 불신자인 남자 친구와 만나고 헤어지길 반복하며 불신교제를 끊어 내지 못했습니다. 남자 친구는 저를 따라 교회를 다니며 세례를 받고 부목자까지 됐지만 저는 늘 그가 미덥지 않았습니다.

하지만 믿음이 없기는 저도 매한가지였습니다. 앞에선 구원을 강조하면서 뒤로는 쾌락을 추구했죠. 결국 혼전 순결을 지키지 못해 혼전 임신을 하게 됐습니다. 임신 사실을 알고 두려웠지만, 우리 커플은 하나님과 공동체에 묻고 아이를 낳기로 했습니다. 그러나 남자 친구의 부모님은 결혼을 극구 반대하며 낙태를 종용하셨습니다. 저는 그런 현실이 너무 싫고 피하고만 싶어 우울감과 정죄감이 나날이 심해졌습니다. 그러다 청첩장을 나눠 주던 주일날, 참아 왔던 감정이 폭발해 눈물이 왈칵 쏟아졌습니다.

그런 저를 살린 것은 말씀이었습니다. 당시 담임목사님이 사무엘서로 설교를 전해 주셨는데 그 말씀을 통해 제 모습을 보게 된 겁니다. 하나님은 성전을 짓고 싶어 하는 다윗의 마음을 거절하십니다. 그리고 나단 선지자를 통해 진정한 성전은 내적 성전이며, 내적 성전은 하나님만 지으실 수 있다고 말씀하십니다(삼하 7:11~13). 이 말씀을 들으며 '내가 하나님이 아닌 사람에게 인정받고 싶구나, 그래서 예비 시댁 식구들을 미워하고 있었구나' 깨달아졌습니다. 하나님은 어디를 가도 인정과 칭찬만 바라는 저에게 '거절의 복'을 허락하셔서 저의 비천함을 깨닫게 하셨습니다. 내 죄가 깨달아지자 그 전까지는 내 처치가 억울해서 울었지만, 이후론 시댁 식구의 구원을 위해 울며 영원히 복 받는 기도를 하게 됐습니다. 그러자 홀로 시부모님을 찾아가 함께 식사하는 적용도 할 수 있었습니다.

혼전 임신과 결혼 반대라는 한계상황을 통해 저의 영적 성전을 다시 세워 주신 하나님, 사랑합니다. 생명을 지키고 신결혼을 하기까지 함께 중보해 주고 힘이 되어 준 교회 공동체 식구들, 감사합니다. 우리 부부도 공동체를 생각하는 이타적인 부부가 되겠습니다.

결혼이라는 사명의 길로 출발!
<우리들 결혼예비학교>

"후회 없는 선택"

"혼전 순결을 지키는 방패막"

"결혼을 위해 꼭 준비해야 할 면허증"

"결혼생활에 자신감을 얻게 해 준 고마운 선물"

"결혼 준비 중인 청년들에게 정말 추천하고 싶은 곳!"

"나의 마지막 묵은 땅을 기경하게 해 준 청년부 마지막 학교"

"결혼이란 여정을 함께할 동료애가 생기는 영적 훈련소"

"배우자와 함께 말씀이 있는 공동체에 잘 붙어만 가면 살 수는 있겠다
   는 확신을 준 곳!"

작년, 우리들교회 <결혼예비학교>를 다녀간 예비 신랑, 신부들
의 고백입니다. 이들이 이곳에서 무엇을 배우고 깨달았기에 이런 유
쾌한 답변을 했을까요?

<우리들 결혼예비학교>는 몇 해 전 가을에 시작됐습니다. 1년에
한 번 열다가 수강생이 많아지면서 작년부터는 봄과 가을, 두 번에 걸

처 진행되고 있습니다. 결혼이 예정된 커플들을 대상으로 하며 총 5주 과정입니다. 1~4주 차엔 성경에서 말하는 참결혼에 대해 배우고, 마지막 5주 차에는 부부목장 탐방을 가지요.

이제, 〈결혼예비학교〉가 열리는 강의실 풍경을 따라가 볼까요? 정해진 시간에 강의실 문이 열리고 찬양과 기도로 시작합니다. 휑~ 하던 강의실이 어느새 수강생들로 빼곡히 차죠. 각 커플은 알록달록한 이름표에 자기 이름을 적고, 4주간 결혼에 관한 다양한 얘기를 함께 나눌 다른 커플들과 인사를 합니다. 그러다 보면 강의가 시작되죠. 매주, 결혼이라는 용광로(?) 속에 먼저 던져진 강사들이 앞에 나와 결혼생활에 관한 아주 실제적이고도 구체적인 이야기를 들려줍니다.

강의가 끝난 뒤엔 장년부 집사들, 즉 결혼 선배들이 각 조의 조장이 되어 나눔을 인도합니다. 앞서 들은 강의에 대해 서로 소감을 나누고, 결혼을 준비하면서 겪는 갈등과 어려움에 대해서도 나눕니다. 그러면 결혼 선배들이 말씀을 따라서 권면해 주지요. 이때 둘이선 풀지 못한 여러 문제가 해석되고 해결되는 역사가 일어납니다.

실례로, 결혼식을 3개월 앞두고 파혼 위기에 처한 커플이 있었습니다. 형제는 자신보다 학벌이 월등히 높은 자매와 비교하며 낮은 자존감과 피해의식에 시달렸습니다. 자매는 그런 형제를 보며 결혼을 확신하지 못했죠. 그러나 〈결혼예비학교〉에서 결혼 선배, 동기들과 꾸준히 자신들의 처지를 나누며, 비로소 '거룩'이라는 푯대를 향해 결혼의 목적을 바로잡게 되었습니다. 이후 자매는 "형제가 하나님이 허락하신 돕는 배필임을 확실히 알게 되었다"라고 고백했습니다. 또 다

른 커플은 서로 경제적인 문제를 오픈하지 못했는데 〈결혼예비학교〉
에서 나누면서 솔직하게 털어놓고 속이지 않는 결혼을 하게 되었다
고 했습니다.

5주 차엔 부부목장을 탐방 갑니다. 이 또한 진귀한 경험입니다.
모든 커플이 자신이 배정받은 부부목장에 가서 따뜻한 밥을 나누어
먹고, 한 목장 식구가 되어 진솔하게 말씀과 삶을 나눕니다. 한 자매는
부부목장 탐방을 통해 결혼이라는 영적 전쟁 속에서 공동체와 함께
일상을 잘 살아내는 부부들을 보며 결혼이 평범하게 느껴져 좋았다
고 해요. 〈우리들 결혼예비학교〉는 그야말로 결혼을 미리 씹고 뜯고
맛보고 즐기는 기회라고 자부합니다.

〈결혼예비학교〉를 통해 두려움을 떨쳐 버리고 결혼이라는 사명
의 길로 나아간 한 수강생의 나눔이에요.

저는 결혼이 두려워서 결혼을 할 수 없는 사람이라고 스스로 생각했
습니다. 그런데 강의를 듣고 제 생각과 가치관이 조금씩 바뀌었습니
다. 특히 '하나님께서 우리 커플을 부부로 묶어 주셨구나!' 확신하게
되었어요. 그렇게 우리 커플은 4주 차 강의를 들은 후 결혼을 결정했
습니다. 저는 원래 아이를 원하지 않았어요. 좋은 엄마가 될 자신이 없
었기 때문이에요. '그동안 내 중심대로 살다가 결혼하면 남편과 자녀
중심의 삶을 살게 될 텐데 과연 내가 감당할 수 있을까?' 걱정이 앞섰
어요. 그런데 이런 마음이 세상을 따라 살고 싶은 욕심이었음을 깨닫
게 됐습니다. 상황은 달라진 것 없지만 〈결혼예비학교〉를 통해 결혼

에 대한 두려움과 욕심이 사라지는 것을 경험했습니다. 그리고 내게 붙여 주신 이 남자가 너무 귀하고 사랑스러워 보였습니다. 최고의 배필을 보내 주신 하나님께 감사하게 되었습니다.

여러분도 '내 옆에 있는 이 사람이 과연 하나님이 짝지어 주신 배필일까' 고민되나요? 결혼을 망설이고 있습니까? 지금 하나님과 믿음의 공동체 앞에 나아오세요. 오직 믿음으로 분별하고 결단하길 바랍니다. 그리고 결혼합시다! 그러면 하나님께서 내 믿음의 선택을 지켜 주시고, 우리의 가정을 주 안에서 견고히 세워 주실 줄 믿습니다.

우리들 결혼예비학교

결혼합시다!

초판 발행일 | 2025년 3월 14일

지은이 | 김양재

발행인 | 김양재
편집인 | 송민창
편집장 | 정지현
편집 | 김윤현 진민지 고윤희 이은영
디자인 | 정승원

발행처 | 큐티엠
주소 | 경기도 성남시 분당구 대왕판교로385번길 26, 3층 큐티엠 단행본 편집부 (우)13543
편집 문의 | 070-4635-5318   **구입 문의 |** 031-707-8781
팩스 | 031-8016-3193
홈페이지 | www.qtm.or.kr   **이메일 |** books@qtm.or.kr
인쇄 | ㈜신성토탈시스템
총판 | ㈜사랑플러스 02-3489-4300

ISBN | 979-11-94352-12-9